Teresa Schuhl
Gebete einer Heilerin

Teresa Schuhl

Gebete einer Heilerin

Bibliografische Information der Deutschen Nationalbibliothek
Die Deutsche Nationalbibliothek verzeichnet diese Publikation
in der Deutschen Nationalbibliografie; detaillierte bibliografische
Daten sind im Internet über http://dnb.d-nb.de abrufbar.

© 2013 Teresa Schuhl
Umschlagdesign: Juliane Molitor
Satz, Herstellung und Verlag:
BoD – Books on Demand
ISBN 978-3-7322-2685-6

Für Klause Mutter,
die große Seele Tadschikistans

Inhalt

Vorwort   *11*

Einleitung   *15*

Der Sinn des Betens   *21*

Die Macht des Gebetes   *24*

Geben oder bitten?   *27*

Die ihre Gebete in sich trägt   *30*

Die Gebete   *33*

Engelbrot   *160*

Erkenntnis der letzten Nacht   *168*

Der Sinn des Lebens   *175*

Gefahren der heutigen Zeit   *178*

Wenn ...   *182*

Nachwort   *184*

Dank   *186*

Im Spiegel des Wassers
erkennt der Mensch sein Gesicht.
Im Spiegel seiner Gedanken
erkennt der Mensch sich selbst.
Bibelzitat (Sprichwörter Salomos 27.29)

Im Spiegel seiner Worte erkennt
der Mensch seine Sehnsucht.
(*Teresa*)

Als ich mich nach vielen Berufsjahren in meiner ärztlichen Arbeit mehr und mehr von der rein medizinischen Heilkunst auf das spirituell energetische Heilen zu verlegen begann, lernte ich Teresa Schuhl kennen. Ihr schicksalhafter Lebensweg hatte sie gerade erst zum Glauben an Gott geführt und sie lebte diesen Glauben in einer recht freien Art – nicht eingeschränkt von konfessionellen oder anderen institutionellen Grenzen.

Fasziniert hat mich von Anfang an Teresas völlig selbstverständliches Gottvertrauen, mit dem sie sich als Kind eines überaus liebenden, treu sorgenden und mit allen Möglichkeiten ausgestatteten Vaters sieht, sogar – wie sie sagt – als das Lieblingskind Gottes, wobei sie einräumt, dass Gott viele Lieblingskinder hat. Wer immer sich dafür halten mag, ist Gottes Lieblingskind. Und wenn sie sich als Heilerin aus mitfühlendem Herzen an Gott wendet und für einen Menschen betet, der seinen Lebenssinn verloren hat oder in einer schweren Krankheit gefangen ist, spricht sie zu Gott wie zu einem gemeinsamen Vater und hält es für völlig plausibel, dass Gott sich seiner Kinder annimmt.

Viele der folgenden Gebete sind aus einer akuten Notsituation heraus entstanden, und aus ihnen spricht ein großes Vertrauen auf konkrete Hilfe. Manch anderes Gebet zeugt von einem tiefen Verbundensein mit dem Geist des Göttlichen und man spürt, dass es mystischen Erlebnissen unmittelbar nachempfunden ist. Sie alle binden den Leser ein und umweben ihn, wandeln ihn vom Leser zum Beter und vom Beter zum Meditierenden. Es ist kaum möglich, sich ihrer Innerlichkeit zu entziehen. Und immer geht es um Teresas große Lebensthemen: Um die innige Verbindung mit Gott und um die Herzen der Menschen.

Immer wieder ist vom großen heiligen Geist die Rede, von Gottes Liebe, von Gottes Engel und von der ganzen Bandbreite an Hilfe, auf die sich ein gläubiger Beter verlassen kann. Der geliebte Gott wärmt uns in bitterkalten Nächten. Er lacht und weint mit uns, er steht uns zur Seite in Zeiten des Zweifels und der Not und in unseren letzten Stunden vor dem Übergang in die Welt des Lichts. Gott überflutet uns mitten im Leben mit seiner heilenden, Leben spendenden Kraft und hüllt uns in seine erlösende Liebe. Viele dieser Gebete verbinden uns mit Gottes Engeln, ob sie nun stärkend und tragend auftreten wie mächtige, heilbringende Helden oder als leise Gefährten, mitfühlend und aussöhnend wie stille Boten der Liebe, der Vergebung und der Heilung.

Immer mehr Menschen in unserer westlichen Kultur folgen einem deutlich stärker werden den Trend zu einer allgemeinen Spiritualität, einer Geistigkeit und Rückbesinnung auf unsere geistigen Wurzeln. Wir selbst erfahren in unserer heilenden Arbeit viel Zuspruch, und zwar quer durch alle Bevölkerungsgruppen und Bildungsschichten. Und oft werden wir nach den Gebeten gefragt, die wir beim Heilen »anwenden«. Was liegt also näher, als einem breiten Publikum einige Gebete der Heilerin Teresa Schuhl zur Verfügung zu stellen zum eigenen Gebrauch, nicht nur in der Heilarbeit, sondern auch als Anregung für Besinnung und Meditation auf dem Weg zu einer heilvollen Innerlichkeit?

In diesem Sinne wünsche ich Teresas Gebeten eine gute Aufnahme bei den Betern und bei den hohen und höchsten Mächten, an die sich Menschen wenden können, wenn sie Hilfe brauchen.

Einleitung

Warum haben wir, wenn wir verliebt sind, das Bedürfnis, dem Menschen, den wir über alles lieben, immer wieder zu sagen: »Ich liebe dich«? Weil wir im Herzen sind und unser Herz vor Liebe überläuft. Weil wir durch die Kraft der Liebe ständig kraftvolle Energie erschaffen. Und genau diese Liebesenergie strahlt aus uns heraus wie tausend Lichter. Unsere Welt erscheint uns leichter und friedlicher. Alles, was wir anfangen, gelingt uns. Wir sind in der Liebe. Wir sind in Gott.

Auf eine ganz besonders innige Weise führt uns Rumi, der große persische Sufi-Dichter des dreizehnten Jahrhunderts, in sein Verhältnis zu Gott ein. In vielen seiner Gedichte offenbart er den Schöpfer als den ewig Geliebten. Und er selbst hat nie aufgehört, den Geliebten zu suchen, um sich mit ihm zu vereinen.

> *»Es gibt keine Befreiung für die Seele*
> *als sich zu verlieben.*
> *Sie muss sich zuerst unter*
> *die Liebenden mischen.*
> *Nur Liebende können*
> *den beiden Welten entrinnen –*

dies wurde so in die Schöpfung geschrieben.
Nur vom Herzen aus
kannst du den Himmel erreichen.
Die Rose der göttlichen Herrlichkeit kann nur im Herzen
erblühen.«

Gebete wie dieses sind Ausdruck der großen Sehnsucht nach einer Liebe, die »den Himmel erreichen« möchte. Solche Gebete fassen das Geheimnis dieser Liebe in zarte, tief empfundene Worte.

Das Gebet zu einer höheren Macht folgt demselben Impuls und entspringt demselben Bedürfnis wie der Wunsch, mich mit jemandem zu vereinen, der mich liebt. Dem Wunsch, »eins« mit ihm zu werden.

In diesem Einswerden mit dem, den ich liebe, mit dem, der mich retten kann, mit dem, der mich so annimmt, wie ich wirklich bin, mit dem, der mich auffängt, wenn ich falle und der alle meine Wünsche und Bedürfnisse kennt und sie erfüllt, fühle ich mich aufgehoben. Der mit mir eins wird – auf den vertraue ich. Dieses Bedürfnis nach Einswerdung ist der Sinn eines Gebetes.

Unser Herz strebt immer nach dem Vertrauten, nach dem Gefühl, zu Hause zu sein. In der Not erkennst du die wahre Sehnsucht, die wahre Hinwendung. Kommt nicht jeder Mensch irgendwann in seinem Leben in eine Notsituation? Und wenden wir uns dann nicht alle an diese Allmacht?

Doch viel zu oft bemühen wir uns hartnäckig um eine nur vermeintliche Liebe und fühlen uns dadurch schließlich ausgelaugt, leer, enttäuscht und eben nicht geliebt. Soll nicht die Liebe selbst uns finden, wenn sich unsere Seele nach ihr sehnt? Vielleicht liegt genau darin die Antwort auf die Frage, ob wir immer genau das finden, wonach unsere Seele sich sehnt. Sehnen wir uns nach materiellem Besitz, nach Vergnügen und Erfolg, dann werden wir von der Welle des Irdischen überrollt und hören gar nicht mehr auf, das Glück im Materiellen zu suchen. Sehnen wir uns nach einem Menschen, der immer für uns da ist und uns nie verlässt, dann werden wir immer in der Sorge leben, diesen geliebten Menschen wieder zu verlieren.

Folgen wir jedoch der Sehnsucht unserer Seele, eins zu werden mit der Quelle der ewigen Liebe, mit Gott, so erhebt sich eine Welle des Lichts, und genau in diesem Licht erkennen wir die wahre Liebe und erfahren wahres Glück. Und dieses wahre Glück bindet uns an die Quelle des Ewigen. In diesem Sinne helfen mir Gebete, mich immer und immer wieder in das Göttliche zu verlieben.

Doch was ist, wenn wir nicht verliebt sind und kein Gefühl der Liebe in uns die Kraft erweckt, alles leichter und friedvoller zu sehen? Was ist, wenn die Energie der Liebe in unseren Herzen durch Schmerz und Leid erstarrt ist? Wenn Freude zu Schwermut wird, wenn das Außen unser Innerstes nicht mehr erreicht?

Wenn wir uns wie Schiffbrüchige im Meer des Lebens

fühlen, greifen wir nach dem Seil, das uns zugeworfen wird, nach einem Rettungsanker, nach jemandem, der unseren Sturz aufhält, und rufen: »Hilf mir!« Dann kommt – oft ohne dass es uns bewusst wird – ein Gebet über unsere Lippen. Dann wird die große, heilige Macht, die wir anrufen, zum Geliebten, der unsere Ketten sprengt und uns aus der Dunkelheit erlöst. Der Angebetete wird zum Retter und Erlöser.

Wenn das Leid übermächtig ist und jeder Atemzug zur Qual wird, tritt der Verstand, der den Glauben an das Übernatürliche bisher völlig ausgeschaltet hatte, in den Hintergrund. Durch unsere Weltanschauung bedingte Vorbehalte lösen sich auf. Dann richten wir den Blick zum Himmel und sagen: »Gott! Hilf mir. Wende dich mir zu.« Und plötzlich öffnet sich unser Herz und uns fallen die alten Kindergebete wieder ein, der Segen der Großmutter oder die Weihnachtslieder in einer Kirche. Dann wird uns klar, dass wir eigentlich immer mit Gott verbunden waren egal, wie weit wir uns durch unser Handeln von ihm entfernt haben.

So war es auch bei mir. In meinen schwersten Zeiten erlebte ich große geistige Anfechtungen, die mich mächtig unter Druck setzten und sogar in Lebensgefahr brachten. In diesen Zeiten fiel mir das Beten besonders schwer. Ich spürte, wie mein Verlangen zu beten regelrecht abgewürgt wurde. Immer wieder versuchte ich, den Kontakt zu Gott zu halten und meine Gedanken zu Gebeten zu formen.

Und je öfter ich diese Gebete sprach, umso höhere Stufen des Friedens und der inneren Ruhe erreichte ich – Schritt für Schritt.

Wenn ein Mensch keinen Ausweg mehr sieht, wenn ihn die Dunkelheit umarmt und kein Licht mehr zu ihm durchdringt, dann ist das Gebet oft das einzige, was er noch hat. In meiner ganzen Ausweglosigkeit blieb ich vor Gott stehen und klagte ihm mein ganzes Leid. Ich schrie: »Reich mir deine Hände.«

Wenn wir nicht verstehen, warum uns im Leben so manches widerfährt; wenn wir nicht verstehen, warum wir so leiden müssen; wenn wir in tiefster Not sind, dürfen wir vor Gott klagen und ihn sogar anklagen. Nur eines sollten wir niemals tun: uns von Gott abwenden. Und so wurde auch mir das Gebet zur Nahrung während meiner Wanderung durch die Wüste. Die Verbindung zu Gott, die ich über das Gebet aufbaute, war für mich überlebenswichtig.

Ich habe die Gebete in diesem Buch bewusst nicht nach Anlässen geordnet. Dies ist ein Gebetbuch – nicht mehr und nicht weniger. Schlagen Sie es einfach auf, wenn Sie in einer Situation sind, in der Sie das Bedürfnis haben zu beten. Das, worauf Ihr Blick dann fällt, wird in diesem Moment immer das Richtige sein. Oft gibt uns ein Gebet oder ein anderer Text auch Antwort auf unsere brennenden Fragen oder hinterlässt eine Botschaft, deren Sinn zunächst verborgen bleibt, die aber nach und nach zur Klarheit wird und uns die Richtung weist. Ich wünsche

Ihnen, meinen Lesern, von ganzem Herzen, dass Sie durch meine Gebete angeregt werden, eigene Gebete zu formen und dass Sie dann den Mut haben, sich dem Göttlichen zuzuwenden und sich über Dunkelheit, Angst und Ratlosigkeit zu erheben.

Der Sinn des Betens

Gibt es ihn überhaupt, den Sinn des Betens oder den Sinn des Gebets? Sind Menschen, die beten, glücklicher als solche, die nicht beten? Wenn wir unsere Mitmenschen in diese beiden Kategorien einteilen, in Beter und Nicht-Beter, teilen wir sie, bildlich gesprochen, in schwarz und weiß. Ich habe selbst die Erfahrung gemacht, dass das Nichtbeten genauso einen Bestand in unserem Leben hat wie das Beten. Alles hat seine Zeit und alles braucht seine Zeit. Der Mensch durchlebt in seinem Leben viele unterschiedliche Phasen der Entwicklung, und genauso erleben wir unser Beten in unterschiedlicher Ausprägung.

In der Tiefe des Betens liegt oft die verborgene Essenz des wahren Gebets. Und meine Erfahrungen lehrten mich, dass das Gebet umso stiller, umso inniger wird, je größer das Leid ist, das uns trifft.

Wenn es uns an etwas fehlt und wir einen dringenden Wunsch haben, findet alles Beten und Bitten in Eile statt. Wir betteln regelrecht um die Dinge, die wir angeblich ganz dringend brauchen oder unbedingt haben möchten:

»Bitte, bitte lieber Gott, mach, dass ich … oder mach, dass er … oder mach bitte ganz schnell, dass … Wenn unser bettelndes Gebet erhört wird und wir bekommen, worum wir gebetet haben, wenden wir uns auch genauso schnell wieder dem Alltag zu und vergessen Gott – bis zum nächsten Wunsch.

Ist die Lebenssituation ernster und das Leid größer, beten wir inniger. Oft benötigen wir sogar ein Ritual, um unserem Gebet Nachdruck zu verleihen. Wir suchen eine Kapelle auf und zünden eine Kerze an oder knien vor einem Kreuz nieder. Dann beten wir: »Herr mein Gott, ich flehe dich an, hilf mir gesund zu werden.« Oder: »Herr, ich flehe aus tiefstem Herzen zu dir, hilf meinem Mann, dass er gesund wird….«In dieser Phase unseres Lebens wird Gott zu unserem ständigen Begleiter. Wir halten die Verbindung zu ihm aufrecht, bis wir oder unsere Lieben wieder gesund geworden sind. Oft entsteht in diesem Zeitraum des Angewiesenseins eine lebenslange Treue und Liebe zu Gott.

Wenn das Schicksal uns geprägt hat, wenn wir viele Stürme überstanden haben und im Leben schon vor viele schwere Aufgaben gestellt wurden und alle irgendwie gelöst haben, dann sind unsere Gebete oft Dankgebete. Wir danken Gott für die Nahrung, die er uns täglich gibt. Wir danken, dass uns ein Leid erspart geblieben ist oder auch, dass es nicht schlimmer gekommen ist. Oft haben ein Krieg und die schweren Jahre danach die Menschen geprägt. Und manchmal wurden sie dadurch weiser und duldsamer. Dann ist das Gebet oft nur eine Bitte um Kraft für den weiteren Weg:

»Herr, gib mir die Kraft, mein Leid zu tragen.«

Ein weiteres und noch tieferes Verhältnis zu Gott bekommen wir durch das Bewusstwerden des Geistes und der Seele. Wenn unser Bewusstsein das göttliche Licht erfasst und in seine Tiefen eintaucht, dann beten wir nicht mehr. Dann brauchen wir auch kein Ritual und keine Kapelle mehr. Dann werden wir selbst zum Gebet. Dann erleben wir den Atem als das einzig notwendige Ritual, um mit Gott eins zu werden. Dann erkennen wir unseren Körper als den wahren Tempel Gottes.

So erlebt der Mensch auf dem Weg zu Gott die Zeit des Bettelns, die Zeit des Betens, die Zeit des Dankens und schließlich den Zeitpunkt des Einswerdens mit Gott.

Die Macht des Gebetes

Wenn Gebete tatsächlich die Macht besitzen, sogar Drachen in Engel zu verwandeln, sollten wir es uns zur Gewohnheit machen, zu jeder passenden Gelegenheit still zu beten oder wenigstens den Namen Gottes zu wiederholen – und wir werden uns die Macht der Gebete zu Eigen machen. Dazu haben wir gerade im Alltag tausend Möglichkeiten: beim Warten an der Ampel, an der Kasse im Supermarkt, beim Arzt und sogar im Haushalt beim Putzen, Bügeln und ähnlichen Beschäftigungen.

Besonders sinnvoll und tief entspannend ist es, den Geist vor dem Einschlafen mit Gebeten zu reinigen und ihn für das spirituelle Leben zu beruhigen und zu formen. Ein Gebet kann sogar unseren Zorn und unsere innere Wut in eine Quelle des Friedens und der Gelassenheit verwandeln. Das gesprochene Gebet unterdrückt oder verdrängt nicht nur unsere Gefühle des Zorns, sondern vermag sie sogar in positive Kräfte zu verwandeln. So wird unser verletztes Gefühl geheilt und geheiligt und nicht verjagt oder verdrängt, wie es sonst üblich ist.

Gebete haben so viele starke Eigenschaften, die unser Leben leichter machen … Ich selbst habe schon unzählige Geschichten von Menschen gehört, die durch das Gebet großes Unglück in ihrem Leben abwenden konnten. Und wer weiß, wie es um uns Menschen in Wahrheit stehen würde, wenn nicht so viele Menschen für unseren wunderbaren Planeten Mutter Erde gebetet hätten. Doch wie für alles, womit wir Erfolg haben wollen, müssen wir auch dafür etwas tun. Also sollte unser Gebet regelmäßig mit Ernst und Disziplin gesprochen werden und so die Chance bekommen, sich tief in uns zu verankern.

Je intensiver und hingebungsvoller wir beten, umso tiefer verwurzeln sich die hoch schwingenden Wortklänge der Gebete in unserm Bewusstsein und verwandeln die in der Tiefe sitzenden negativen Impulse unseres Wesens in Frieden, Gelassenheit und Mut.

Durch das Wiederholen des Gebetes verwandelt sich unser Gefühl des Getrenntseins langsam wieder in ein Gefühl der Ganzheit zurück. Das verborgen Egoistische und Egozentrische unseres Wesens wandelt sich zum Mitgefühl, und wir erleben die Einheit und die Gemeinschaft des Lebens immer deutlicher.

Für mich ist das auch der Grund, warum viele Menschen in spirituellen Gemeinschaften den Halt fürs Leben finden. Durch das Gebet praktizieren und erleben wir die Einheit als etwas Ganzes, als einen Zustand, in dem wir nicht mehr von der großen göttlichen Macht getrennt sind.

Gerade in unserer hektischen Zeit brauchen wir Oasen der Kraft und der Stille sowie den Mut unsere Ängste, Depressionen und Aggressionen zu wandeln und so unser

Herz in die Nähe des Göttlichen zu tragen. Je näher wir dem Göttlichen kommen, umso glücklicher, friedlicher und gesünder sind wir.

Geben oder bitten?

Immer, wenn der schwarze Schicksalsvogel über Menschen kreiste, die ich liebte, und ihnen nach dem Leben trachtete, suchte ich im Wald meinen geheimen Ort auf, um mit Gott allein zu sein, um niederzuknien, zu beten und um Hilfe zu bitten.

Bedrückt und beladen von Angst und Sorge suchte ich eines Tages wieder meinen besonderen Ort im Wald auf. Diesmal wollte ich nur für mich selbst beten. Doch an diesem Tag war alles anders. Ich konnte plötzlich nicht mehr beten. Alles in mir war verstummt, und im meinem Kopf breitete sich eine seltsame Leere aus. Ich versuchte immer wieder mein Gebet zu formulieren, doch kein Wort, kein mir noch so vertrauter Vers kam mir über die Lippen. In mir war nur Stille. Doch diese Stille hatte nichts zu tun mit dem bedrohlichen Gefühl im Nichts zu versinken. Eher war mir, als würde ich im Licht auftauchen und dem, der dort sprach, zuhören.

Und genau in diesem Augenblick des Auftauchens hörte ich mich sagen: »Herr, ich bin gekommen, um dir heute etwas von mir zu geben und nicht, um etwas von dir zu erbitten.«

Diese Absicht war mir vorher gar nicht bewusst gewesen.

Was soll ich Gott geben? Meine Seele hat er schon und mich selbst sowieso. Was also sollte ich ihm geben können, was er nicht schon längst hatte?

Und wieder hörte ich mich sagen: »Ich gebe dir heute das Süßeste, was ich habe, den Geschmack und den Genuss meiner Schokolade. Nie wieder werde ich meine geliebte Schokolade essen. Ab heute isst du sie für mich.« Ich verneigte mich, stand auf und ging ohne ein weiteres Wort, aber mit einem wunderbaren Gefühl im Herzen nach Hause.

Wieso können wir eigentlich nicht Gott auch einfach mal etwas geben? Ständig bitten wir um Gesundheit, einen guten Job, einen tollen Mann oder eine nette Frau. Würden wir eine Liste unserer Wünsche und Bitten führen, wäre sie unermesslich lang. Doch wie selten geben wir dem etwas zurück, der uns all unsere Wünsche erfüllt?

Die Zeit verging, und obwohl ich an diesem Tag um nichts gebeten hatte, wandte sich alles zum Guten. Von diesem Tag an habe ich nie wieder Schokolade gegessen. Niemals kam ein Gedanke der Reue oder das Gefühl, auf etwas verzichten zu müssen in mir auf, wenn ich angebotene Schokolade ablehnte, eher ein Lächeln, denn schließlich wusste ich, wer sie für mich aß

Viele Jahre später hatte ich eines Nachts einen Traum. Was ich darin erlebte, entsprach ganz meiner tatsächlichen Situation. Wieder befand ich mich in einer besonderen Notlage, wieder kreiste der schwarze Vogel des Schicksals über mir und griff mit seinen Krallen nach mir. Im Traum sah ich mich in einer kargen und öden Landschaft umherirren. Völlig ausgehungert, dem Verdursten nahe und kaum noch bei Sinnen schleppte ich mich mit allerletzter Kraft an den einzigen Baum, der in dieser verdorrten Gegend stand und lehnte mich an seinen Stamm um zu sterben.

Während ich dachte, jetzt sei der Tod nicht mehr weit, blickte ich hoch zum Himmel, um Abschied von der Welt zu nehmen. Da sah ich, dass der Baum keine normalen Blätter hatte. Seine Blätter waren aus reiner Schokolade. Millionen edler Schokoladenblätter in allen Geschmacksrichtungen hingen am Baum. Da hörte ich, wie der Baum zu mir sagte: »Nimm so viel, wie du essen kannst. Ich bin nur für dich gewachsen. Alles, was du siehst, gehört nur dir.«

»Nein, das kann nicht sein«, rief ich. »Die Schokolade gehört Gott, ich habe sie ihm gegeben.«

»Weil du sie Gott aus Liebe gegeben hast, konnte ich wachsen«, antwortete der Baum. »Hier im Land der Träume herrscht ein anderes Gesetz. Alles, was du einem anderen aus Liebe gibst, bekommst du tausendfach zurück.« Kaum griff ich nach den schwer beladenen Ästen des Baumes mit Schokolade, erwachte ich aus meinem Traum.

An diesem Morgen begriff ich die wahre Bedeutung des Satzes: Was du einem anderen aus Liebe gibst, das gebe ich dir tausendfach zurück.

Die ihre Gebete in sich trägt

Es war Klause Mutters besondere Religion, nie aus der Kirche auszutreten, die Kirche nie zu vergessen und sich selbst niemals wichtiger zu nehmen und für größer zu halten als die Kirche. Klause Mutter hat Tadschikistan in ihrem Leben nie verlassen und deshalb auch nie eine Kirche gesehen oder betreten, und doch hat sie so tief und innerlich an sie geglaubt.

Kirche war für sie immer der Ort, an dem sie als helfende Hand gebraucht wurde, der Ort, wo sich leidende und Trost suchende Menschen aufhielten. Der Gang zur Kirche war für sie immer der Gang zu den Familien und zu den Kranken, die Wärme, Zuspruch und Hilfe in der Not ganz dringend brauchten. Sie taufte die Neugeborenen, segnete und beerdigte die Toten, salbte die Kranken, tröstete die Verzweifelten und gab ihr eigenes karges Essen denen, die noch mehr Hunger hatten als sie selbst. Sie war weder Priesterin noch Ordensfrau oder Gründerin einer Organisation, sondern eine einfache, arme, zahnlose alte Frau, welche die Gebete und die bedingungslose Liebe zu Gott und zu allen Geschöpfen im Herzen trug. Diese zierliche Frau hatte keine Angst vor den wiederholten Peitschenhieben der Miliz, die sie immer wieder beim Beten erwischte. Für sie waren jedes Verbot und jede Folter nur weitere Gebote, nie mit dem Beten aufzuhören.

Doch woher nahm diese zarte Frau ihren Mut und ihre nie versiegende, fast übermenschliche Kraft, sich der ganzen Macht des Regimes entgegenzustellen, jede Unbequemlichkeit auf sich zu nehmen und jedem scheinbar unüberwindlichen Hindernis zu trotzen? Auf Geld und Reichtum konnte sie nicht zurückgreifen, wenn es darum ging, sich gegen die korrupte Miliz zu stellen. Sie nahm auch keine vitaminreiche Kost zu sich, um sich für diese Herausforderung fit und gesund zu erhalten. Sie trieb auch keinen Sport, um ihre Ausdauer beim Joggen oder an den Geräten zu trainieren. Sie aß wenig, und die stundenlangen Märsche durch die sengende Hitze, die sie unternahm, um arme und leidende Menschen zu besuchen und ihnen Trost zu spenden und mit ihnen zu beten, gaben ihr Kraft, Gesundheit und Ausdauer. Ihre »Powerriegel« waren die Gebete und die Liebe zu Gott. So war der große Wunsch ihres Lebens unsere Herzen für die kostenlose Kostbarkeit des Gebetes und des Mitgefühls zu öffnen.

Wenn nun eine so einfache Frau irgendwo am Ende der Welt ihren inneren Frieden durch Gebete gefunden hat, sollten auch wir diesen einfachen spirituellen Weg gehen, und zwar genauso mutig wie sie und wenige andere. Auch wir sollten den Motor unserer Disziplin einschalten und die bedingungslose Liebe zu allen Geschöpfen und besonders zu Gott leben. Für mich ist Klause Mutter eine der wenigen Menschen, die das Wort Jesu »*auf diesen Felsen will ich meine Kirche bauen*« richtig verstanden haben. Denn täglich baute sie eine *Kirche aus Mitgefühl auf den Felsen ihres unerschütterlichen Glaubens an Gott und seine Güte* – zu jeder Zeit und überall, wo sie war.

Wenn nicht ihr, wem sonst sollte ich diese Gebete einer Heilerin widmen? Und vielleicht sind es in Wirklichkeit ihre Gebete, die sie Nacht für Nacht vom Himmel auf die Erde schickt, weil sie nie aufgehört hat, Gott und die Bedürftigen bedingungslos und grenzenlos zu lieben …

Die Gebete

Alles kehrt zu dir zurück

Alles, was du denkst,
alles, was du sagst,
alles, was du tust,
kehrt zu dir zurück.

Denkst du an den Einen,
sprichst du von dem Einen,
tust du alles für den einen Gott,
kehrt nur der Eine zu dir zurück.

Dann denkt,
handelt und spricht
nur der eine Gott
in dir und durch dich.

Weltenzauber

Oh, großer Geist, du
Weltenzauber,
verzaubere auch mich.

Lass wachsen mich
wie Bäume und wie Blumen,
lass fliegen mich
wie Vögel in der Luft.

Lass schwimmen mich
wie Fische tief im Wasser,
lass suchen mich
wie Durstige den Quell.

Oh, großer Geist,
du Weltenzauberer.
Verzaubere du in mir
die falsche Sicht.

Lass erkennen mich
wie Heilige die Weisheit,
lass sehnen mich nach
deinem reinen Licht.

Tausendfach zurück

Als ich geboren wurde
hast du mich angelächelt.
Dein warmer Mutterduft
hat mich umarmt.
Du hast getragen mich in deinen Händen,
du hast gewacht an meinem Bett
bei Tage und bei Nacht.
Du lehrtest mich
mein erstes Wort zu sprechen,
du lehrtest mich zu glauben an die Macht, die
dich erschaffen hat, um mich zu lieben.
Dann kam die Zeit und ich verließ dein Haus.
Ich wollt mein eigenes Glück,
mein eigenes Leben finden.

Doch was ich fand,
es war nicht das, wonach ich suchte.
Ich fand zuerst das dunkle, leere Nichts.
So fing ich langsam an,
die Heimat zu vergessen.
Ich hab vergessen, was ich einst verließ.

Trotz allem Schmerz
hast du mich losgelassen.
Du hast an mich geglaubt und mir vertraut.
Du hast in manchen Nächten nicht geschlafen,
so viele Tränen hast du dann
um mich geweint.
Du hast gekniet vorm Kreuze deines Herrn,
du hast gefleht in mancher dunklen Stunde:
»Oh Herr, lass mir mein Kind,
lass bitte sie am Leben.«
Du hast den Rosenkranz
in deiner Hand gehalten,
solange bis ich kam zu dir zurück.
Seit Anbeginn hast du für mich gebetet,
weil das Gebet für dich
die wahre Nahrung ist,
weil du an diese heiligen Worte glaubtest,
weil du gewusst, sie werden einmal wahr.
Du hast gewusst: Kein Wort an Gott
geht je verloren.
Du gabst mir Mut dasselbe auch zu tun.
Du warst die erste,
die mein Herz in ihrem spürte,
du warst die erste,
die mich zart als Kind berührte,
du warst die erste,
die an meine Kräfte glaubte.

Ich habe all die Zeit,
als ich erwachsen wurde
von deiner Kraft an das Gebet geträumt.

Ich habe deinen Rat
an Gott zu glauben angenommen.
Und diese Kraft hat meinen Leib
geheilt und gab mir Trost.
Schon bald darauf wurd' ich
im Glauben unterrichtet
und jedes der Gebete kam zurück.

Ich hab den Klang
des Himmels aufgenommen
und jedes heilige Wort in dieses Buch gelegt.

Ich danke dir für die Gebete, Mutter.
Du hattest Recht, als du mir gabst den Rat:
Was du in Liebe sendest deinem Nächsten,
kommt tausendfach zurück
an irgendeinem Tag.

Wandle nun

Mögen deine Tage
erfüllt sein von Liebe
und deine dunklen Nächte von Licht.
Möge dir die letzte Stunde
der Zauber deines Lebens sein.

Möge dir der Engel reichen
seine treue, starke Hand,
mögest niemals du vergessen,
wer dir gab dein Lichtgewand.

Wandle nun zu allen Zeiten
auf dem großen Lebenspfad,
und lass deine Seele handeln,
gib dafür das Schwere ab.

Engel, komm und hilf

Mein Engel,
hilf mir durch die Tage
und durch die dunklen Nächte gehen.

Mein Engel,
heile meine Augen
dann werd' ich Licht und Sonne sehen.

Mein Engel,
schenk mir deine Weisheit,
damit ich deine Liebe lern.

Mein Engel,
lass mir Flügel wachsen,
damit ich fliegen kann zum Herrn.

Dein Geschenk an mich

Ich durchwanderte viele Jahre
auf der Suche nach dir,
auch wenn ich dich nicht immer sah
und dich nicht immer fühlte.
Doch überall, wo ich war,
fand ich kostbare Schätze:
Du hast mich gelehrt, den Boden unter den
Füßen nicht zu verlieren,
gerade wenn ich die kostbarsten Geschenke
des Lebens erhielt.
Du zeigtest mir Wege,
ein Leben in Würde zu führen,
ohne mich von der äußeren Welt
zerreißen zu lassen.
Du hast mich gelehrt immer wieder
Freude und Hoffnung
in die Welt zu säen, und vor allem,
mir selber treu zu bleiben.

In allen Jahren gabst du mir Kraft, gegen den
Strom der Gleichgültigkeit zu schwimmen,
gabst mir Trost,

wenn kalte und falsche Anklagen
mir ins Gesicht schlugen.

Deine Wärme wärmte mich in kalten Nächten
und dein Mut stärkte mich
an einsamen Tagen.
Alle Tränen, die ich weinte,
hast du mit mir geweint.

Du gabst mir deine Liebe jeden Tag.
Du hast mit mir gelacht, um mir zu sagen:
»Nimm es leichter.«
Durch dich lernte ich zu erkennen, welche
Sorgen berechtigt waren
und welche ich mir nur selber auferlegte.

Und du lehrtest mich,
dass es nach Begegnungen
auch Trennungen geben musste,
und dass es nach Trennungen
auch immer ein Wiedersehen
geben würde.

Du lehrtest mich,
dass Stolz und Eitelkeit die größten
Hindernisse auf dem Weg zu mir selber sind.
Doch das größte Geschenk,

welches du mir gegeben hast,
lag darin zu wissen,
dass das Leben einem
immer eine Chance gibt,
den Krieg gegen sich selbst zu gewinnen.

Die Botschaft meines Herzens

Es trägt der Wind die Botschaft
meines Herzens,
zu dir, der in der Ferne weilt.
Du bist gegangen,
als die Liebe war am stärksten.
Zurück blieb Leere und ein Herz,
das ewig weint.

Die Sehnsucht, die mir bleibt,
sie wird mich tragen.
In ferne Länder wird die Reise gehen.
Ich werde nach dir suchen,
werde weinen,
denn jeder Tag mit dir war wunderschön.

Es bringt der Wind zurück
die Botschaft deines Herzens
aus jener Nacht, als Dunkelheit brach ein:
»Ich bin geblieben da, wo einst wir standen.
Die Zeit und jener Schmerz,
der wird vergehen.
Das Licht der Welt

wird eines Tages wieder scheinen.
Die Liebe kehrt zurück,
du wirst es sehn.«

Die Ketten sprengen

Die Lust erzeugt
mir Wonne meiner Sinne
und der Genuss der Sehnsucht
weilt in mir.

Aus Lust
wird die Gewohnheit zu genießen,
ihr folgt die Not
sie ewig zu besitzen.
Doch diese Not
sie wandelt meine Lust zur Gier.

Die Gier,
sie wird wie Rost
sich in mein Leben nisten
und wird die Quelle allen Übels sein.
Mein Wille selbst
hat dieses Unglück angezogen.

So frag ich dich:
»Hat diese Lust mich nur belogen?
Wenn dem so ist -

oh Gott, kannst du die Ketten sprengen,
die Fesseln lösen,
die mein Eigenwille sind?

So hilf mir doch
mein wahres Selbst zu finden.
Tritt in mich ein und such in mir mein Herz.
Lass mich erkennen, dass meine Lust
an das Vergängliche mich bindet.
Lass mich erkennen, dass du der Brunnen bist
für all mein Glück.

Drum sei gesegnet der,
der diese Wahrheit wisse.
Drum sei gesegnet der,
der diesen Unterschied erblicke.

Licht deines Herzens

Die Vögel, die lassen sich tragen,
der Wind zieht umher, wo er will.
Die Sonne, sie scheint nur am Tage,
der Mond steht am Himmel so still.

So lasse auch du dich tragen,
Gott lässt dich niemals im Stich.
So zieh auch du deine Kreise
durchs Leben auf eigener Reise.
Lass scheinen das Licht deines Herzens
und handle im Leben stets weise.

Edle Seiten

Gott Vater,
Gott Mutter,
Gott Heiliger Quell,
du lenkst das Schiff meines Lebens.
Du lehrst meinen Geist
durch die Fluten des Lichts
und führst mich zurück,
wenn mein Ziel war vergebens.

Du nährst meinen Körper
und heilst ihn beizeiten,
und zeigst mir durch dich
meine edelsten Seiten.

Berühr die Flügel meines Herzens

Das Licht entspringt aus deinem Geiste,
so wie das Meer dem Quell entspringt.
So wie die Blüte aus dem Samen
die Kraft zu blühen aus ihr nimmt.
So lass den Atem meines Lebens
der Atem deines Geistes sein.

Oh lass mich fliegen, Geist des Lebens,
in Höhen, die ich nie erdacht.
Berühr die Flügel meines Herzens,
so dass in mir dein Geist erwacht.

Lass träumen mich nur von der Fülle,
die du seit Anbeginn der Zeit
über die Welt der Menschen sendest,
damit sie leben ohne Leid.

Doch ich vergaß nach dir zu suchen
und irrte in der kalten Welt.
Oh Geist, erhöre jetzt mein Rufen
und lass mich ein ins Himmelszelt.

So hilf

Es weilt die Nacht, die Dunkelheit auf Erden.
So ist des Menschen Schicksal ohne dich,
zu tragen viele Laster durch sein Leben,
die er sich auferlegt hat fern vom Licht.

So hilf uns tragen, Herr,
die Bürde dieses Lebens,
so dass der Weg für uns zu gehen ist,
und lass dein Licht zurück auf diese Erde,
damit ein jedes Herz an deinem Glanz sich
misst.

Hoffnung

So weile ich in Sorge und in Trauer
verbleibe oft in Kummer und in Wut.
Dann brich, mein Gott,
mit deinem Licht die Mauer,
und lass in mir den Hauch von deinem Mut.

So kehre ein, du großer Geist der Liebe,
umarme mich in meiner Angst und Not,
und gib mir einen Funken Hoffnung wieder,
dann fügt sich alles ein ins Lebenslot.

Der Himmel

Der Himmel öffnet seine Tore
und lädt mich ein vor Gottes Thron.
Ich höre leises Glockenläuten,
Gott spricht mir zu den reichen Lohn.

Ich bitte dich, mein Engel, höre:
Wie kann ich ernten ohne Pein?
Ich nahm so oft von seinen Gaben,
und dachte mir, sie wären mein.

Mein Gott, so gebe ich dir alles
zurück, was du mir einst geschenkt,
so findest du in jedem Falle
mich deiner Güte eingedenk.

Nicht allein

Wenn ich weine, weinst du mehr.
Wenn ich lache, lachst du sehr.

Wenn die Sonne nachts nicht leuchtet,
schickst du mir als Freund den Mond,
und die Sterne lässt du tanzen,
dass die Freude in mir wohnt.

Hilf uns

Wie sich der Regentropfen sehnt
nach Mutter Ozean,
so sehnt sich meine Seele
nach des Geistes reinem Licht.

Schicke, Herr, mir deine Engel,
dass sie mich durchs Leben führen.
Lass sie mich auf Händen tragen
und mich deine Liebe spüren.

Lass die Sonne ewig scheinen
in mein traurig Herz hinein,
lass die Liebe mich begleiten,
mich in deinem Frieden sein.

Lass die Menschen wieder wissen,
wo die Liebe einst entstand.
Lass die Bienen wieder fliegen,
die den Blumen zugewandt.

Großer Geist, so lass die Erde
stets aufs Neue dir erblühen,
lass die Menschen wieder lachen,
tanzen und um dich sich mühen.

Der Sinn

Ich bin müde geworden
und doch treibt's mich voran.
Es lässt mich nicht ruhen
und doch glaub ich daran.

Egal wo ich bin,
er wird mich stets finden,
der Sinn, den ich suche,
nur der kann mich binden –

an das Licht, an die Wahrheit,
an den Glanz jener Zeit,
als die Liebe noch reicht' bis in Ewigkeit,
als der Tag niemals zu Ende ging
und dein helles Leuchten die Nacht umfing.

Du gabst

Du gabst mir die Augen
ich sollte dich sehen.
Du gabst mir die Ohren
ich sollte dich hören.
Du gabst mir den Mund,
von dir sollt' ich reden
Du gabst mir das Herz,
ich sollte mich sehnen.
Du gabst mir den Mut,
ich sollte mich wehren.

Ich nahm deine Augen,
doch vergaß ich zu sehen.
Ich nahm deinen Mund,
doch vergaß ich zu reden.
Ich nahm auch dein Herz
und vergaß mich zu sehnen.
Ich nahm deinen Mut
und vergaß mich zu wehren.

Doch jetzt bin ich wach
und möchte es wagen,
den Menschen von all
deinen Taten zu sagen.

Licht berührt

Der Mond umkreist die Erde
und leise weht der Wind.
Die Sterne leuchten weiter
für jedes Menschenkind.
Das Leben schläft versunken,
es träumt die große Welt.

Und plötzlich, da,
ein Licht aus seinem Munde,
es strahlt in tausendfacher Pracht.
Ich spür den Geist der Welt,
wie er jetzt hell erwacht.

Das Licht berührt die Erde,
die Menschen werden wach,
der Geist schwebt über 'm Wasser,
zu lange war die Nacht.

So sehnt sich jedes Wesen
nach seinem reinen Licht,
und ich erkenn' mein Leben
aus Weltengeistes Sicht.

So lass uns ewig suchen
wo Wahres uns umgibt,
und lehr uns alles wagen,
du bist der Geist, der liebt.

Heile mich

Gott Vater,
Gott Mutter,
Gott Heiliger Geist,
berühr' mich
und halt' mich
und mache mich heil.

Ich will dein Engel sein

Lass mich der Engel sein
an deiner Seite,
der dich behütet
und dich stets beschützt,
der für dich kämpft
in all den schweren Zeiten.

Lass mich der Engel sein
an deiner Seite,
der dich so liebt und
dich doch nicht besitzt,
der dich im Traum berührt
und zärtlich wach dich küsst.

Lass mich der Engel sein
an deiner Seite,
der Kraft dir gibt
durchs Leben froh zu gehen,
der dich, wenn´s dunkel wird,
daran erinnert dein eigen
Licht zu sehen.

Lass mich der Engel sein
an deiner Seite,
der leise betet
in der Nacht für dich,
der hält in seiner Hand
dein traurig Herz,
und immer wieder
spürt mit dir
denselben Schmerz.

Lass mich der Engel sein
an deiner Seite,
der immer an dich denkt
und an dich glaubt,
der leise flüstert dir auf seine Weise:
»Ich liebe dich, vergiss das bitte nicht.«

Aufbruch

Ein Klang liegt in der Luft
und doch hört man nur Stille
alles ist im Aufbruch,
doch noch bewegt sich nichts.

Und dann ein Hauch
von jener Stund',
ein Augenblick,
den Bruchteil einer Zeit
entgleite ich
in eine Welt der Wunder,
an die die Menschheit
nicht mehr glaubt.

Dort schweben Engel in der Luft.
dort gibt es keine Zeit,
dort ist die Liebe jeden Tag
dort ist auch Gott nicht weit.

Schenke mir Kraft

In Demut hebe ich mein Herz,
das täglich ruft zu dir,
mein Engel trage mich im Schmerz
und schenke Hoffnung mir.

Ich werde tanzen nur für dich
in stiller Stund' allein.
Ich werde lachen all die Zeit
und niemals traurig sein.

Und bitte schenke mir die Kraft,
du großer Engel mein,
damit in mir der Geist erwacht
und meine Seel' wird heil.

Flammendes Herz

Dein Herz steht in Flammen
und wacht über mich,
dein Licht hält mich fest
und berührt mein Gesicht.

Ich weiß, es gibt Wunder,
und ich weiß, sie sind wahr,
mein Herz kann sie fühlen,
und so ist mir klar:

Was geschieht, ist bestimmt
für die, die's empfangen,
siehst du draußen kein Licht,
so kannst du es ahnen.

Wirf ab deinen Mantel
aus Trauer und Wut
und zieh dir dein Kleid an
aus göttlicher Glut.

Schutzengel

Schutzengel mein,
bleib du mir treu
bis an mein Lebensende.
Geleite mich durch Berg und Tal
und reich mir deine Hände.

Und wenn die Nächte werden lang
und draußen wird es regnen,
dann zünde an dein Licht in mir,
dass Gott mich möge segnen.

Das Erwachen

Ich höre den Klang
jeder Schwingung in mir,
fang ihn auf,
um zu fühlen
und zu sehn:
Du bist hier.

Der Mond nimmt jetzt Abschied,
der Morgen erwacht.
Ich spüre ganz leise
dein Rufen in mir.
Wo bist du
mein Gott,
mein Erlöser?
Es ist kurz vor vier.

Woran soll ich mich halten,
wenn nichts ist neben mir?
Woran soll ich denn glauben,
wenn ich gehe von dir?

Nur bei dir bin ich wirklich,
nur bei dir bin ich wahr.
Nur mir dir will ich wandern,
nur für dich bin ich da.

Sei gesegnet

Sei gesegnet,
wer da kommt in der Nacht.
Sei erfüllt mit dem göttlichen Licht.
Sei umgeben von den Engeln des Herrn,
damit du nur Wahres sprichst.

Dieses kleine Gebet hat eine große Kraft und eignet sich
besonders, wenn wir Angst haben und uns von dunklen
Energien oder dunklen Wesen bedroht fühlen, besonders
in der Nacht. Wenn das Gebet mehrmals hintereinander
gesprochen wird, lösen sich diese Energien oft schnell auf.

Bist auserwählt

Wie aus heiterem Himmel
berührt dich ein Pfeil
und durchbohrt dir dein Herz.

Du erschrickst.
Du schlägst um dich
und versuchst zu verstehen
diesen inneren Schmerz.

Doch halt inne und horche,
was er dir nun erzählt,
er hat lange gewartet
und dich auserwählt.

Lass all das Klagen,
die Angst vor der Leere,
tauch lieber hinab
in das Reich deiner Seele.

Dort findest du Kraft,
dort entdeckst du dein Licht,
welches dir zeigt
eine andere Sicht.

Diese Sicht wird dich lehren,
zu erkennen den Sinn,
denn nur so wirst du ziehen
aus dem Leben Gewinn.

Heiliges Licht

Du heiliges Licht,
du Quelle meiner Sehnsucht,
durchbrich die Dunkelheit in mir,
damit ich dich erkenne.

Du heiliges Licht,
du Feuer der Liebe,
entzünde mein Herz,
damit ich an dich glaube.

Du heiliges Licht,
du Klang der göttlichen Symphonie,
verwandle mich von Mensch zum Sein
damit ich werde Licht.

Klang

Wenn der Klang mich in Sekunden
zu dir bringt und hält mich fest,
so als würdest du mir bauen
ein vertrautes Himmelsnest,
eine tiefe warme Liebe
breitet sich in mir dann aus,
und im selben Augenblick
führen zwei Engel mich nach Haus.

Dunkles Wesen aus alter Zeit

Mich traf ein Blick
aus einer andren Zeit.
Die Heimat war so fern,
nur Fremdes weit und breit.

Ich ließ mich ein,
berauscht von Lust und Zauber,
verlor mein Gleichgewicht
und stürzte ab.

Ein dunkles Wesen aus alter Zeit,
ein Dämon fand mich wieder.
Er fing mich auf,
er ließ mich nicht mehr gehen.

Er durchriss mein Herz,
verwirrte meinen Geist,
und raubte mir den Atem.

Kein Hauch,
kein Funken Leben,
nur Zittern noch und Beben.

Ich spürte nur noch Schmerz.
Erblindet, voller Angst
schrie ich um Hilfe.
Doch nichts geschah,
nur Dunkelheit um mich,
gemeines Lachen.

Der Dämon schrie mir ins Gesicht:
»Es wird dir keiner helfen,
du bist mein,
dein Herz wird niemals wieder frei,
du wirst nur Angst und Panik spüren und
wirst ab jetzt mir ewig dienen.«

»Oh König mein,
wo bist du bloß?
Es kann nicht sein,
dass dieser Dämon ist mein Los«.

Und lange tat sich nichts um mich.
Meine Verzweiflung wuchs.
Angst,
Dunkelheit,
der Ohnmacht nah.

Und plötzlich da,
ein Licht.

Ganz klein,
doch voller Kraft und Macht.

Ein König voller Licht und Glanz
trat leis an mich heran.
»Komm mit uns, Schwester,
wieder heim,
dein Geist wird rein,
dein Herz wird wieder frei.«

Ich wusste es,
es ist Verlass
auf meines Königs Wort.

»Ein Augenblick,
ich brauch noch Zeit,
dem dunklen Geist zu danken
für all die Pein und all das Leid,
für seine Art
mich durch die Angst zu lehren.«

Gestärkt durch meines Königs
wahre Kraft ruf ich dem Dämon zu:
»Du dunkles Wesen aus der Zeit,
die ich nicht mehr vermisse,
ich werde gehen ohne dich,
doch werde ich stets wissen,

wer mir gezeigt hat heute Nacht
die starke Kraft,
die ich als Mensch besitze«.

Mein Geist ist klar,
mein Herz strahlt wieder rein.

Ich folge meinem König,
in meiner Hand
das Schwert aus Licht,
das Dunkelheit durchbricht
und Wahrheit spricht.

»So geh durchs Leben und fürchte dich nicht.
Geh hin durch alle Gezeiten,
und wenn du ihn triffst,
den Dämon der Nacht,
so denke daran, er hat keine Macht.

Er steht dir zur Seite
und lehrt dich das Leben,
lehrt dich zu erkennen
das göttliche Licht,
denn glaub mir: Nur dies
ist von Anbeginn seine Pflicht.«

Ich seh' dich nicht

Du bist da in dieser Welt,
und ich seh' dich nicht,
reichst mir täglich deine Hand
und ich nehm' sie nicht.

Doch nun rufe ich zum Himmel:
»Herr, wenn du auf Erden weilst,
hör nicht auf, nach mir zu suchen
bis du alles in mir heilst.«

Göttlicher Vater

Mit jedem Herzschlag
fühl ich dich.
Mit jedem Atemzug
spür ich dich.
Mit jedem Gedanken
denk ich an dich.
Du göttlicher Vater,
umarme mich.

Herr, in deiner Gnade

Gib mir die Kraft,
dein Licht zu tragen.
Gib mir den Mut,
deine Wahrheit zu sagen.

Gib mir den Sinn
das Leben zu leben.
Gib mir die Geduld
nach Weisheit zu streben.

Gib mir den Frieden
dich zu erkunden.
Gib mir die Liebe,
bis ich dich gefunden.

Gib mir die Anmut,
deine Reinheit zu sehen.
Gib mir die Gnade
in deinen Spuren zu gehen.

In Deine Hände

Heiliger Vater,
in deine Hände lege ich
das Bündel meiner Gewohnheiten,
die mich von dir trennen.

Befreie mich aus dem Irrtum
meines falschen Glaubens,
du seist getrennt von mir.
Hilf mir dauerhafte Erfüllung
in dir zu finden.

Lehre mich, dass Anhäufung
von Geld, Ruhm und Ich-Wille
mich nur vorrübergehend befriedigen
und vom wahren Glück abhalten.

Stille mein ruheloses Herz
mit deinem Nektar der Vollkommenheit.
Lass mich Freude, Frieden und Liebe suchen,
denn das ist meine wahre Natur.

Heiliger Vater, in deine Hände,
ergebe ich mich erneut.
Was du tust mit mir, das sei mein Wille,
und meine Dankbarkeit wird ewig sein.

Mein Weg

Wenn du mein Herz berührst,
erstrahlt in mir das Licht.

Wenn das Licht mich erhellt,
erkenne ich dich.

Wenn ich dich erkenne,
weiß ich, wer ich bin.

Wenn ich weiß, wer ich bin
erkenne ich meinen Weg.

Wenn ich meinen Weg erkenne,
finde ich dich.

Geschützt

Sei dir bewusst,
du bist geschützt,
Gott hat dich nie verlassen.
Es sind nur Wolken um dich her,
du kannst Vertrauen fassen.

Er hält dich sanft in seiner Hand,
und trägt dich durch dein Leben.
Hör auf zu kämpfen,
lass das Schreien,
dann wirst du Wunder sehen.

Er schütz dich,
wenn du ängstlich bist.
Er lässt dich Liebe fühlen.
Er schenkt dir täglich neues Glück,
und dreht für dich die Mühlen.

Verlorene Zeit

Du glaubst, verloren ist die Zeit.
Du siehst das Elend weit und breit.
Die Last der Welt
senkt sich auf deine Schultern nieder
und jeden Morgen
kehrt die Angst zu dir zurück.

Die Scham,
die Lügen
und das Vergessene
erscheint dir immer wieder.
Die letzte Hoffnung
ist im Nichts verschwunden
und das Gefühl des Friedens
kennst du nicht.

Vergessen hast du
all die Kinderlieder.
Vergessen hast du,
wie die Blumen blühen.
Die Vögel siehst du
nicht mehr fliegen.

Und Kinderlachen kannst du
nicht mehr hören.

Dann wird es Zeit,
dass du verlässt
die selbst erbaute Grube.
Dann wird es Zeit,
dass du erkennst
dein wahres Ich.
Dann wird es Zeit,
dass öffnest du die Augen
und es wird Zeit,
dass du erblickst das Licht.

Wach auf,
erhebe deine Glieder.
Erhebe dein Gesicht
und sieh das Licht,
das aus dem Himmel ruft:

»Mein liebes Kind,
die Last der Welt,
die trage ich für dich.
Die Zeit ist ewig,
fürchte dich doch nicht.
Die Angst, die Scham,
dich wirklich zu erkennen,

du glaubst, ich wüsste nicht,
dies alles zu benennen?

Ich habe alles, was du siehst erschaffen.
Kein Funke dieser Welt ist ohne mich.
Ich kannte dich,
bevor du einst geboren,
mein Geist war immer
ein Geschenk an dich.

Ich habe dich erschaffen
um zu lieben.
Ich gab dir auch ein Herz,
um mich zu spüren.
Bin Tag und Nacht an deiner Seite,
und tragen will ich dich
durch alle Zeiten.
Ich gab dir meinen Atem
um zu leben,
ich gab dir Mut
und gab dir auch den Segen.
Ich gab dir Kraft,
dein eignes Nest zu bauen.

So nimm dir auch die Zeit
mir zu vertrauen.

Das Gute wird in dir gedeihen,
das Schlechte werd ich dir verzeihen.

Warum,
so wirst du mich wohl fragen?
Weil ich die Liebe bin,
werd ich dir sagen.

In allen Zeiten will ich bei dir sein.
Auf Händen möchte ich dich tragen,
und zeigen dir mein ganzes Himmelreich.
Du bist ein Teil von mir, vergiss das nicht,
du trägst in dir den Strahl aus meinem Licht.«

Warum muss ich leben?

Ich wurde geboren,
mit Liebe erzogen,
ich wurde getragen,
gefüttert, beschützt.
Ich habe gelernt
auf den Beinen zu stehen
und habe gelernt
mich mit Fäusten zu wehren.

Ich wurde erwachsen und
begann mich zu fragen:
»Welchen Sinn hat mein Leben,
welchen Zweck meine Tat?«

Ich habe gekämpft,
meinen Geist zu veredeln.
Ich habe genommen, gestohlen, gegeben,
ich habe gelacht, geweint und geflucht.

Ich habe gehört: »Ja so ist das Leben.«
Ich hab überlegt, gelesen, gedacht,
was alles geschieht,
wenn die Liebe erwacht.

Ich habe geglaubt an verborgene Kräfte.
Ich habe gebetet bei Tag und bei Nacht.
Ich habe versucht, auch in Frieden zu leben.
Hab beschenkt einen Freund,
hab gesegnet den Feind.

Hab verlassen die Eltern,
hab verloren mein Heim.
Hab gefunden ein Kloster,
doch mein Herz war nicht frei.

Warum will ich sein?
Warum will ich leben?
Warum kann sich nicht einfach alles ergeben?
Warum kann ich nicht einfach so sein
wie ein Vogel, der am Tag sich erhebt
und der schläft in der Nacht?

Warum kann ich nicht sein
wie die Blume im Frühling,
die erblüht und verwelkt ohne jedes Geschrei?

Warum bin ich Mensch,
der sich quält mit Gedanken?
Warum kann ich nicht einfach nur sein?

Und bald werd' ich sterben
und werde begraben.
Ich werde vermisst
und werde beweint.
Die Vögel, die werden mir singen am Grabe,
jetzt bin ich im Himmel mit Engeln vereint.

Jetzt weiß ich die Antwort
auf all meine Fragen, hier oben im Himmel
kann's jeder mir sagen.
Ich glaube das Ganze geschieht in der Welt,
damit sich die Dunkelheit langsam erhellt.

Aus Liebe zu dir

Aus Liebe zu dir
reich ich meinem Peiniger die Hand.
Aus Liebe zu dir
schließe ich Frieden
mit meinen Brüdern und Schwestern.

Aus Liebe zu dir
vergeb' ich den Verrätern.
Aus Liebe zu dir
erfüll' ich meine Pflichten.

Aus Liebe zu dir
soll dein Wille geschehen.
Aus Liebe zu dir
achte und ehre ich deine Schöpfung.

Aus Liebe zu dir,
nehme ich mich an,
wie du mich gemacht hast.
Aus Liebe zu dir, mein Gott,
ist meine Bürde keine Last,
sondern Freude.

Das ewige Spiel

Wie aus dem Samen,
der tief in der Erde verborgen ruht
und auf den Augenblick wartet,
wenn Wasser ihn erweckt
damit der Stamm
und hundertfach die Zweige
zum neuen Leben sich erheben.

So sind auch wir hervorgegangen,
nicht sichtbar und doch voller Lebenskraft.
Gott hauchte ein dem Samen seinen Atem,
damit erwachen wir in voller Pracht.
Der Stamm der Menschen
wird von nun an wachsen,
vermehren soll er sich und glücklich sein.

Er soll die Erde und die Luft besitzen,
die Flüsse und die Meere überqueren,
die Vögel und die Tiere soll er schützen.
Die Ahnen soll er lieben und verehren.

Der Mensch bekam die Freiheit
selbst zu handeln,
doch was er tat,
stand nicht in Gottes Plan.

Er baute Städte auf,
um sie dann zu vernichten,
mit seinen Landesbrüdern führt er Krieg.
Auf Macht kann er schon längst
nicht mehr verzichten,
und er zerstört mit jedem Tag
ein Stück vom Paradies.

Gott sieht das Leid
und schickt den Sohn zur Erde,
er soll der Welt Erlöser werden.
Die Menschen hören nicht
die Worte seines Sohnes,
sie sehen nicht die Wunder seiner Tat.
Sie lachen über ihn
und schlagen ihn bewusstlos.
»Ans Kreuz mit ihm,
damit er nichts mehr sagt."

So hat der Mensch die Welt
schon fast vernichtet,
die Tiere leiden ohne Ende Not.

Die Wälder, Flüsse und die Meere
hat er längst vergiftet,
sich selbst und seine Wurzeln ausradiert.

Die Nahrung, die er züchtet,
kann er nicht mehr essen.
Er ist nur noch ein Schatten seiner selbst.

Dann fällt ihm ein,
wer Schöpfer ist des Ganzen.
Hat Gott nicht seine Finger hier im Spiel?
Dann hebt der Mensch
zum Himmel seine Hände
und klagt ihn an,
warum er ihn so quält.

Warum hat er in dieser Welt
das Leid erschaffen,
warum lässt Gott den Menschen
nicht ins Paradies?

Und dann wird Gott die Meere steigen lassen.
Die Erde wird erbeben und untergehen.
Die Winde werden neuen Samen bringen
und still im Tiefen warten
auf den Augenblick,
dass Gott den Menschen wieder

neu erwecke und all das alte Spiel
von vorn beginnt.

So lass uns doch das alte Spiel erkennen,
dass selbst der Mensch ist Schöpfer
seines Glücks.
Gott ist in dieser Welt nur reine Liebe,
das Leid erschaffen wir durch unsre Gier.

Lasst jeden Tag die Liebe ziehen
in unsere Herzen,
uns standhaft sein in Kummer
und in Schmerzen.

Lasst reichen uns die Hand
den Brüdern und den Schwestern.
Lasst lieben uns die Kinder und die Tiere.
Lasst achten uns auf Wälder und auf Meere,
so dass der Mensch
die Schöpfung Gottes ehre.

Sag es laut

Hörst du meine Fragen?
Weiß du, was ich will?
Ich rufe deinen Namen,
der Lärm der Welt wird still.

Mein Gott, du bist der eine,
nach dem mein Herz sich sehnt.
Meine Gedanken kreisen,
damit mein Geist
in deinem Geist sich wähnt.

Schenk mir die Kraft,
mich zu erheben.
Schenk mir den Mut,
nach dir zu streben.
Sag mir ganz laut,
dass du mich liebst.
Sag auch dass du
mir längst vergibst.

Ich werde deinen Namen tragen,
ich werde mich in Höhen wagen.

Ich werde für dich Brücken bauen,
damit die Menschen nach dir schauen.

Für dich werd ich
die Meere überqueren,
für dich werd ich
der Wüste mich erwehren.

Sag mir ganz laut,
dass du mich über alles liebst,
sag mir ganz laut,
dass du mir alles Schwere auch vergibst.

Ich werde warten
bis du mich auserwählst,
um dir zu dienen.
Ich werde warten,
bis du mich auserwählst,
das Dunkel zu besiegen.

Mein Gott, ich weiß,
dass du mich über alle Maßen liebst,
ich weiß, dass du mir alles längst vergibst,
ich brauche deinen Schutz und deine Liebe,
denn nur für dich
trag ich nach Haus die Siege.

Wandlung

Du höchster Klang im Universum
Du reinstes Licht der Welt.
Du Schöpfer allen Seins.
Du Atem jeden Lebens.

Erhebe meinen Geist mit deiner Weisheit,
damit er sich befreit aus aller Unwissenheit.

Erhelle meine Seele mit deinem Licht,
damit sie mit allen Wesen in Frieden lebe.

Erfülle mein Herz mit deiner Güte,
damit ich mich und alle Menschen liebe.

Meine Kraft ist deine Macht

Meine Gier
soll deiner Güte weichen.
Meine Angst
soll deinem Mut die Hände reichen.
Mein Zorn, mein Groll
soll in dir Frieden finden,
und meine Kraft
an deine Macht sich binden.

Sturm des Lebens

Die Finsternis weicht deinem Licht,
der Sturm des Lebens legt sich wieder.
Der Schmetterling erhebt sich in die Luft,
die Vögel singen ihre Lieder.
So werd auch ich die Dunkelheit besiegen,
den Sturm des Lebens überstehen.
Ich werde dann mein Haupt
zum Himmel heben,
und danken dir, mein Gott,
dass ich noch lebe.

Gesetz

Es gibt ein Gesetz im Universum,
das seine Gültigkeit nie verliert.

Immer, wenn du etwas abgeben musst,
bekommst du etwas Neues,
noch viel Wertvolleres.

Doch das erkennen wir Menschen
erst sehr spät in unserem Leben,
und viele erkennen es überhaupt nicht.

Wir halten das Verlorene
immer noch ganz fest,
und können das Neue
deshalb nicht empfangen.

Kriegerin

Mach mich zur Kriegerin des Friedens,
damit die Liebe ich vermehr.

Mach mich zur Königin der Liebe,
damit die Herzen ich berühr.

Mach mich zur Heilerin der Kranken,
damit ich ihre Wunden heil.

Mach mich zur Mutigsten von allen,
damit das Dunkle ich besieg.

Mach mich zur Dienerin des Lichtes,
damit der Demut ich genüg.

Gott der Retter

Wenn ich den hohen Berg besteige
und ich erschöpft dann niederknie,
dann reich mir segnend deine Hände,
dass ich der Dunkelheit entflieh.

Wenn ich die Wüste überquere
und mich der Durst zu Boden zwingt,
dann reich mir nur den Kelch mit Wasser,
damit die Reise mir gelingt.

Wenn mich ein Pfeil trifft aus dem Dunkel
und mich verwundet tief im Herz,
dann schenk mir Hoffnung, Heil und Liebe,
dass ich nicht fühle meinen Schmerz.

Vertrau mir

Ist dein Wille schwach,
so werde ich ihn stärken.
Fürchte dich doch nicht
vor deiner schweren Last.

Hab' keine Angst,
du könntest sie nicht tragen.
Sei wie ein Held,
die Waffe ist dein Herz.

Sei stets bedacht
und lerne zu vergeben.
Umarme deinen Feind
und er wird Freund.

So werde still
und hör dein Herz jetzt rufen,
so werde ruhig,
dann kannst du Wunder sehen.

Ich bin der Vater aller Völker dieser Erde,
ich bin in dir.

Ich bin in deinem Herz,
Ich hab die Macht,
die Menschen zu erschaffen.
Ich hab die Kraft,
mit Liebe sie führen.

Und jetzt mein Kind,
will ich dir etwas sagen:
»Wenn du nicht an dich glaubst,
hast du mich nie geliebt.«
Wenn du zu mir den Weg willst wiederfinden,
dann liebe dich
und liebe meine Welt.«

Die richtige Zeit
für Andrea

Es ist Nacht.
Der Wind weht leise.
Die Sterne leuchten sacht.

Mein Herz ist sanft berührt.
Es fühlt die Zeit.
Die andre Welt
scheint nicht mehr weit.
Es fühlt die Botschaft dieser Nacht,
sie wird die letzte sein.

Ich wollt doch noch so vieles sehen,
wollt noch so viel erleben.
Ich hab doch noch so viel zu tun,
will mich noch nicht aufgeben.

Bin noch so jung,
hab doch nicht viel gesehen.
Und muss schon gehen.
Mein Gott,
ich kann es nicht verstehen.
So viele werden mich vermissen.
So viele werden traurig sein.

Oh lieber Vater,
lass mich bitten.
Ich bin auch hier auf Erden dein.

Lass mich noch einen Augenblick
durch diese Augen sehen.
Mein Leben war so schön
und doch,
ich muss nach Hause gehen.

Noch einen Atemzug von dieser Welt, damit
ich nichts vergesse.

Der Mond,
der schaut zum Fenster rein,
ich seh' die Sterne leuchten.
Du schaust mich an,
berührst ganz zart die Seele,
singst mir ein Lied,
dass selbst die Zeit ich wähle.

Jetzt fürcht` ich nicht die dunkle Nacht,
weil Gottes Licht in mir erwacht.
Jetzt höre ich mein Herz
von Deiner Güte singen,
dann öffne ich die Hände,
und kann ins Licht mich schwingen.

Ein Engel wird mich
heute Nacht begleiten
in eine andere Welt der Ewigkeiten.

Ich freu mich schon,
die Ahnen zu umarmen.
Es wird ein Fest
für mich im Himmel geben.
Vom Herrn empfange ich den höchsten Segen.

Und ihr,
die ich einst liebte auf der Erde,
ihr dürft nicht weinen,
und nicht traurig sein.

Ich bin gegangen,
es war mein freier Wille
und irgendwann
könnt ihr mich auch verstehen.

Durch Dich

Heiliger Geist,
kehre ein in mein Herz
mit all deiner Liebe,
mit all deiner Güte,
mit all deiner Heilung,
mit Frieden und Licht.

Lass mich durch dich,
lass mich in dir und mit dir
wandeln das Kranke,
loslassen die Sorgen,
vertreiben die Ängste und Zweifel.

Durch dich erhellt sich
meine dunkle Nacht.
Durch dich hebt sich
der Schleier des Unwissens.
Durch dein Licht erkenne ich,
dass in mir alles heil ist.

Gottes Formel

Komm müder Wanderer
hier an meine Seite,
seit Tagen seh´ ich dich hier niederknien.
Ich werde dir
von mir erzählen,
wie einst ich fand die Kraft,
das Glück zu wählen.
Wie einst ich fand
den Frieden meines Herzens,
wie ich besiegte
Armut, Angst und Not.

So schließe deine Augen,
werde still
und höre zu,
was dir ein weiser Mensch
berichten will.

Ich werde dir
von einem Land erzählen,
wo Milch und Honig

fließen ohne End,
wo Fülle sich erstreckt
in jede Richtung.

Ich werde dir berichten
von den Wundern,
die ich mit eignen Augen einmal sah,
ich werde dich
in allem unterrichten,
wie du das Glück erkennst
und was ist wirklich wahr.

Mach auf dein Herz
und schließe deine Ohren.
Den Klang der Stimme
fühlst du nur in dir.
Ich werde von den Werten
dir berichten
und Weltengeists Gesetzen,
glaube mir.

Sei dir bewusst, du ewig Suchender,
du Wanderer in dieser Welt,
du darfst nicht zweifeln,
musst auch nicht verzagen,
auch wenn dir meine Wahrheit
nicht gefällt.

Auch ich saß einst betrübt
am Ufer meines Lebens
und Hoffnung war in dieser Zeit
kein Teil von mir.
Die Jäger, die mich
durch das Leben jagten,
die wollten meine Seele,
waren voller Gier.

Da spürte ich an meiner rechten Seite,
wie sich ein Engel leis' an mich gewandt.
Ganz zart berührten mich die Flügel leise,
und meine Knie wurden weich wie Sand.

Viel Zeit verging, ich hört' den Klang
von tausend Liedern,
die ich seit jener Zeit
nicht mehr vergaß.
Er nannte mir die Formel Gottes wieder,
und das zur rechten Zeit
nach rechtem Maß.

Sei dir bewusst,
du ewig Suchender,
du Wanderer in dieser Welt,
du darfst nicht zweifeln,
musst auch nicht verzagen,
auch wenn dir meine Wahrheit nicht gefällt.

So lausche jetzt
mit deinem edlen Herzen,
die Formel Gottes
führt auch dich zum Sieg.
Die Formel Gottes
löscht der Seele Schmerzen,
und macht uns frei von Krankheit,
Angst und Krieg.

Du musst das tun,
was ich dir jetzt empfehle,
drei Monate,
vielleicht ein halbes Jahr,
dann wirst auch du ein wahrer König werden
und wirst dein Leben lenken – Gott für wahr.

So sprich mir nach
und lass ins Herz dir sagen
und öffne dich für Gottes neue Welt:
Ich bin.
Ich bin das Glück.
Ich bin ein Gotteszauber.
Ich bin gewünschtes Kind.
Ich fürchte mich vor nichts.
Ich bin umgeben nur
von Gottes Liebe. Ich
bin das schönste und

das reinste Licht. Ich
bin nur glücklich,
fröhlich und zufrieden.
Ich bin so dankbar
und ich bin entspannt.
Ich bin vollkommen
und bin tausendfach zugleich.
Ich bin stets lustig, ich bin leicht,
ich bin auch mutig.
Ich bin verzaubert
von der Liebe meines Heilands.
Ich bin sein wahres Glück
hier auf der Erde.
Ich bin gesund,
bin stark und ich bin reich.
So sind mein Gott und ich für immer eins.

Seit jener Zeit vergeht kein Tag
und keine Nacht, an dem ich nicht
die Gottes Formel acht'.

Die Stille

Lausche der Stille.
Sie erzählt dir
von der Sehnsucht.
Sie erzählt dir auch
vom Ursprung deines Seins.

Die Stille kennt schon lange
deine Klagen.
Sie kennt dein Heimweh,
deinen Seelenschmerz.

Wenn du begegnest
deiner Herzensstille,
wirst du des Kosmos OM
durch alle Zeiten schwingen spüren.

Die Stille hilft dir zu verstehen,
was Liebe ist.
Sie hilft dir zu verstehen,
warum das Leid
ist für den einen Segen
und für den anderen Pein.

Die Stille hilft dir auch,
den Schmerz zu wandeln,
sie hilft dir auch,
durch Angst und Leid zu gehen.

Die Stille hilft dir,
deine Wurzeln zu erkennen,
und gibt dir Trost
in deiner schwersten Zeit.

Nimm dir die Zeit,
die Stille zu entdecken,
so wirst du Gottes
heilige Spuren sehen.

Die Stille birgt
die Antwort aller Fragen,
die Stille ist
des Universums Wesenskern.

Teil von dir

Ich bin ein Teil von dir,
ein Teil von deinem Licht.
Wohin mein Weg mich führt,
ich sehe nur noch dich.

Du bist im Himmel.
Du bist auch hier.
Du bist in jeder Blume.
Du bist die Dunkelheit der Nacht.
Du bist am Tag die Sonne,
auch wenn du in den Sternen weilst,
 bist du ein Teil von mir.

Du bist ein Teil von meiner Kraft.
Du bist ein Teil von jedem Herz.
Du bist das Lachen in der Welt.
Du bist ein weiser Greis.
Du bist der Teil, der alles weiß.
Du bist in jedem Kind,
auch wenn du tief im Meer versinkst,
bist du doch ganz in mir.

Du bist die Strophe von dem Lied,
das wir als Kinder sangen.
Du bist das Spiel, das gern gewinnt.
Du bist der Teil, der immer singt.
Du bist der Gütige, der gibt.
Du bist der Liebende, der liebt.
Du bist der Starke, der beschützt.
Du bist der König und der Bettler,
auch wenn du hoch im Himmel bist,
bist du ein Teil von mir.

Jesus

Du wahrer,
du göttlicher Mensch.
Du zeigtest uns Wunder,
und heilst in der Not,
du lehrtest uns lieben
und glauben an Gott.
So bringe das Licht in
die Dunkelheit ein.
Hilf lösen die Ketten
und mache uns frei.

Bin Geist

Ich wandle mich.
Bin harte Schale erst,
dann weicher Kern
und schließlich Geist.

Das Licht erfasst mich
hundertfach,
berührt mein Herz,
und warme Güte
breitet sich in mir dann aus.

Doch die Gedanken
kreisen wie ein Strudel,
bis ich ganz eingetaucht
in Gottes reines Licht.

Betrachte mich,
bin wieder ich,
vollkommen ist meinem Wesen.
Ich bin sein Atem.

Bin Teil von jener Macht
von Anfang an gewesen.

So lass mich trunken heute Nacht
dem Rausch der Tiefen mich ergeben.
Ich wandle mich,
bin nur noch Licht,
vollkommen rein und edel.

Fürst der Dunkelheit

Ich fürchte nicht
den Anblick deines Wesens.
Du bist der Fürst,
der aus der Dunkelheit entstieg
und forderst deinen Lohn von mir zurück.

Ich fürchte nicht
den Rauch aus deinem Schlunde.
Ich fürchte nicht das Feuer, das du legst.
Die Angst, die du mir schickst,
die kann mich nicht berühren,
und deine Botschaft
dringt nicht in mein Herz.

Doch wenn du glaubst
du könntest mich besiegen,
du glaubst dass deiner Macht
ich muss erliegen,
so höre nun, du Grauen aller Wesen,
ich habe meine Seele Gott gegeben,
den wahren Lohn für mich
gibt er dir gern zurück.

Ich werde dir von nun an täglich Liebe senden
denn reine Liebe ist mein wahres Ich.

Mein Herz wird deine Dornen sanft berühren,
und durch mein Licht wirst du
die Dunkelheit verlieren.
Die Gnade wird dir wandeln deine Sicht,
was anderes bekommst du von mir nicht.

Gnadenlicht

Du heiliges Gnadenlicht,
öffne in mir das Auge
deiner höchsten Saat,
dem »Dreilicht« aller Lichter,
damit erwecke sich in mir
Glückseligkeit und Frieden.

Du heiliges Gnadenlicht,
so lass den Seher
und den Gesehenen in mir eins werden,
damit ich den kosmischen Tanz
der Weisheit im Universum erkenne.

Du heiliges Gnadenlicht,
lege die Brücke in mir
damit ich den Berg Meru erklimme
und den heiligen Zustand der Leere erreiche.

Du heiliges Gnadenlicht,
vereine dich mit meinem Herzen,
damit ich den Fluss des Feuers überquere
und ein Funke deines Lichtes werde.

Oh mein geliebtes Gnadenlicht,
ein Hauch von dir,
so wird mein Leib
aus reinem Licht
in deinem Kosmos leuchten.

Nun schwingt mein Herz
im Lied der Liebe,
das Gnadenlicht hat mich berührt.

Mein Streben

Ich strebe nach dem Licht der Welt,
um dunkle Mächte zu besiegen.

Ich überquer den Ort der Fremden,
um Heimatlicht nach Haus zu senden.

Ich wende ab den Zorn von mir,
um in mir Frieden neu zu fühlen.

Ich schicke Blumen falschen Wesen,
um giftige Pfeile abzuwehren.

Ich nehme auf mich jede Bürde,
um Liebe in der Welt zu mehren.

Ich sah dein Licht

Seit Anbeginn der Reise
durch die Ewigkeit der Zeit
sah ich die Wunder deiner Schöpfung.

Ich sah dein Licht,
welches erfüllt den Tempel meines Wesens
und heilt die Wunden der Vergangenheit.

Ich sah, dass du
die Macht besitzt,
die Seele jedes Menschen
zu erheben aus der Dunkelheit,
zu schenken ihr Glückseligkeit.

Ich sah wie du mir gabst
so viele gute Gaben,
ich sah wie du mich tröstest
in der dunklen Nacht.

Ich sah die Liebe aus dem Herzen
vieler Menschen strahlen,
sie sprachen nur von dir,
dem großen Geist.

Ich selbst

Das Licht strahlt aus den Sphären
meiner Heimat,
den Klang der Engel
kann ich leise hören.

Ein sanfter Lichtstrahl
holt mich aus der Tiefe,
hat meinen Ruf gehört
und mich gesehen.

Er gibt mir Raum
das Wahre zu erkennen,
die Zeit ist jetzt
das wahre Licht zu sehen.

Ein Leben lang
war ich schon auf der Suche,
ein Leben lang
hab ich das Licht vermisst.

Nun hebt sich hoch
der Schleier des Vergessens,
und langsam kehrt
die Weisheit in mein Herz.

Es war nie fort,
das Licht aus meinem Herzen,
das war ich selbst,
ich wollt es nur nicht sehen.

Ich bin bald Licht

Verneige mich vor all der großen Güte,
erhebe mich in Demut vor dem Licht.
Du hast die Weisheit
über allen Völkern ausgebreitet,
dein hellstes Licht im Menschen tief versteckt.
Du hast gesagt wir sollen danach suchen
und wer es findet, kehrt zu dir zurück.

Die ganze Welt hab ich durchquert
und hab es nicht gefunden,
hab nicht daran geglaubt,
dass es das Licht noch gibt.

Doch eines Morgens sah ich in den Spiegel
und sah dass mich erblickt ein helles Licht.
Da fiel mir ein das Licht in mir zu suchen,
wo du in mir hast einst es tief versteckt.

Ich danke dir für all die reichen Gaben,
ich danke für das hellste, reinste Licht.
Bald bin ich Licht und kann es immer sehen,
bald bin ich Licht
und kann nach Hause gehen.

Deine Güte

Erhaben ist die Weisheit deiner Güte
Erhaben ist die Liebe die du gibst.
Du hast versprochen deinem Volk zu dienen.
Du hast gesagt du führst uns aus dem Krieg.

Du hast den Königen die Macht gegeben.
Den Bettlern hast du betteln beigebracht.
Du hast gezeigt wie sich die Erde wandelt.
Die Meere hast du ausgetrocknet
und wieder neu gefüllt.

Du hast gesandt die Engel deines Reiches,
sie sollen Menschen schützen und sie führen.
Du hast der Sonne und dem Mond
dein Licht geliehen,
damit wir Menschen
dich nicht mehr verlieren.
So neige ich mein Haupt vor dir,
du großes Wunder.
Verneige mich vor dir
Du großer Geist.

Bin würdig

Herr ich bin würdig, dass du mich berührst,
denn ich bin ein Licht aus deinem Licht.

Herr ich bin würdig, dass du mich heilst,
denn ich bin ein Teil aus deinem Heil.

Herr ich bin würdig, dass du mich liebst,
denn ich bin ein Funke deiner Liebe.

Oh, Herr
wenn nicht mich, dein Licht,
wen sonst sollst du
berühren, heilen, lieben
von Anbeginn bis zur Vollendung
meiner selbst.

Stern

Es fällt ein Stern vom Himmel
auf die Erde, dann weiß ein jeder Mensch,
das Licht kehrt bald zurück.

Ein Stern vom Himmel
soll den Menschen Hoffnung bringen,
und uns verbinden
mit dem höchsten Klang der Welt.

So fallen täglich viele Sterne auf die Erde,
sie bringen neues Leben, neues Glück.

Ein jeder Stern trägt einen heiligen Namen
und birgt in sich das reinste Sonnenlicht.

Ich bitt' um Heilung

Du kniest bei Tage und bei Nacht
am Bette deines Kindes.
Du flehst zum Herrn:
»Mein Gott gib mir die Kraft,
dass ich kann singen deine heiligen Lieder.
Mein Kind ist krank,
mein Gott, ich bitt um Heilung.

Nur du allein bist Retter in der Not.
Du bist der Heiland,
der uns führt durchs Leben.
Du bist der Gott der gibt
uns täglich unser Brot«.

Du bist die Zauberkraft

Du bist der lachende, nicht der weinende Gott
Du bist der liebende, nicht der strafende Gott.
Du bist der, der wärmt, der tröstet,
der am Abend für mich wacht
und am Morgen mit mir lacht.

Gib den Engeln den Befehl,
mögen Hass und Zorn vergehen.
Gib der Sonne deine Glut,
möge sie die Welt erwärmen, gib
dem Mond die Zauberkraft, dass
der Wunsch nach dir erwacht.

Engel für mich

Ich wünsche mir
den großen, starken Engel,
der mich auf seinen Flügelhänden trägt,
der mich beschützt
vor all den dunklen Wesen
und mich bewahrt
vorm Untergang der Welt.

Ich wünsche mir
so oft den Engel an der Seite,
der vor mir hergeht
und den Weg mir weist,
der Frieden schließt für mich
mit all den bösen Feinden,
und schwere Prüfungen
für mich besteht,
der holt für mich die Schätze aus dem Feuer,
mich aus der Grube zieht, in die ich fiel.

Der Engel soll mich
lehren seine Würde,
er soll mir zeigen was die Liebe ist,

zur rechten Zeit den rechten Freund
mir an die Seite stellen,
mir täglich zeigen Wunder dieser Welt.

Seele

So ist die Seele wie ein Hauch,
so übermenschlich stark
und doch zerbrechlich.
Sie reist von Zeit zu Zeit
von Land zu Land.
So wie der Wind
schwingt sie sich auf
um neues Wissen zu ergründen.

Sie trifft den Tod,
kennt die Geburt.
Sie kennt das Jetzt
und trifft das Morgen wieder.

Die Seele gleitet durch den Raum
erkennt, erlebt, verlässt,
sie weint, sie lacht,
sie liebt, sie hasst, sie fällt
und sie erlebt den Augenblick
und steht am Anfang wieder.

Getrieben von der Sehnsucht
die Einheit zu erleben
schwingt sie sich immer wieder
in neue Erdenleben.

Tempel der Weisheit

So öffne ich die Tore meines Tempels,
damit mein Herz dein Licht erfassen kann.
Mein Innerstes erstrahlt in tausend Farben,
und meine Sinne nehmen
höchste Klänge wahr.

Die Rüstung der Vergangenheit,
die einst zum Schutz mir diente,
die wandelt sich zum goldenen Königskleid.

Erhaben thront die Seele in mir wieder,
das Königskind in mir, das kehrt zurück.
Ich war von Anfang an der Tempel
deiner Liebe, es war von Anfang an
die Weisheit mein Besitz.

Das Verlangen

Es verlangt mich zu erfahren
über den Schoß der großen Mutter,
über den Geist des verwandelnden Vaters,
über den Leib gewordenen Tempel,
über das Feld der höchsten Seele,
über die Weisheit, die das Universum plant.

Es verlangt mich das Geheimnis
des Kosmos zu ergründen.
Es verlangt mich die Sinne
des Verlangens zu überwinden,
um die allerhöchste
Erkenntnis zu erlangen.

Gottes Atem

Wenn du den Atem hebst,
erhebt sich die Welt
aus dem dämmernden Schlaf
der Unwissenheit.

Wenn sich dein Atem senkt,
versinkt die Welt
in ihren kosmischen Schlaf.
Meine Unwissenheit
weihe ich dem Glanzvollen
und dem Erhabenem
meine Weisheit.

Das Herz der Mutter

Heile Mutters reines Herz, dass sie
trage keinen Schmerz. Schenk der
Mutter deinen Segen, schenk ihr
Güte, schenk ihr Licht. Schenk ihr
deinen wahren Frieden,
schenk ihr Glück und schenk ihr Mut,
dass in ihr sich offenbare
Gottes Heil und Gottes Glut.

Tausend Namen des Herrn

Ich habe dich in tausend Farben
im Universum leuchten sehen.
In allen Sphären hab ich dich
in tausend Klängen schwingen hören.
In abertausend Formen
hast du dich mir gezeigt.

Seit tausenden von Jahren
bin ich schon auf der Suche.

Mit tausend Namen
habe ich nach dir gerufen.
Du bist mein Gott, mein Elohim,
mein Allah, mein Brahman.
Du bist mein Christuslicht,
mein Jahwe, mein Abwoon,
mein Krishna, Buddha, Rama.
Für mich bist du der Heilige Geist,
der Vishnu und der Manitu.

Du bist für mich die Sonne,
der Mond, der Weltengeist.

Du bist der Sinn, der Atem,
die Weisheit und das Herz.
Du bist für mich der Jogi,
der Tänzer auf dem Vulkan.
Für mich bist du der Reine,
das Leben und das Licht.
Du bist für mich der Bruder,
die Schwester, die Mutter
die mich liebt.
Für mich bist du der Glaube
der nur die Liebe lebt.

Für mich bist du der Eine,
der tausend Namen trägt.
So hilf mir aufzusteigen
aus meiner niederen Welt.
Ich rufe dich beim Namen,
der tausend Silben kennt.
Für mich bist du der Wahre,
der Tempel, meine Burg.
Ich bin in dir zu Hause,
bei dir find ich das Glück.

Zwei Seelen in mir

Es lebt ein Wesenskern in mir,
der Liebe will,
der Liebe braucht,
der Engelklänge hört und
spürt den Zauber der Natur,
der sehnt sich nach dem Sonnenschein
nach Sternenleuchten, Meeresrauschen,
nach reinem, klarem Licht
nach Frieden, Zärtlichkeit
und Gottes warmer Güte.

Und dieser Teil in mir
treibt mich voran
Geborgenheit zu suchen.
Es ist der Teil in mir
der lacht und freut sich auf das Leben.
Es ist der Teil in mir,
der reicht dem andern seine Hände.

Es ist der Teil in mir,
der sieht das Schöne in der Welt,
der träumt und tanzt und sieht

die Schmetterlinge fliegen.
Doch plötzlich wendet sich das Blatt,
der andre Wesenskern erwacht-
der sieht nur Dunkelheit um sich,
der ewig weint und traurig ist,
der schreit und fühlt
die Einsamkeit der Nacht,
der Angst hat vor dem Leben,
der spürt nur Groll für diese Welt.
Und seine Wut, sie tobt in mir,
sie fühlt nur Hass – nicht Liebe.
Neid, Gier und Eifersucht,
die Angst zerfrisst mein Wesen.
Und wenn sie dann zum Fenster
schaut, sieht sie kein Licht,
nur Fledermäuse fliegen.

Auch dieser Teil gehört zu mir,
ich wollte ihn nie leben.
Sie ist mein dunkler Teil in mir,
die Schattenschwester eben.
Ein Teil von mir,
die nie geliebt
und nie umarmt
und nie behütet wurde.

Stets wurde sie nur abgelehnt,
verjagt und schwer misshandelt.
Sie ist die hässliche in mir,
die böse, laute, dumme.

Doch Gott gab mir heut Nacht die Kraft,
den Schatten zu umarmen.
Er gab mir Mut zu mir zu stehen,
mich selber zu bedauern
und ruft mir zu:
»Der nie geliebte Wesenskern
ist ewig auf der Suche.
Vergiss die Angst, umarme dich,
fang an dich ganz zu lieben.«

Aus vollem Herzen sag ich mir:
»Komm Seelenschwester
heim zu mir, ich hab dich so vermisst.
Gemeinsam gehen wir ins Licht
und werden Frieden finden.«

Hört niemals auf

So fürchtet nicht den Tod
und nicht das Leben.
Ihr seid der Tropfen aus dem großen Meer,
wenn ihr hinausgeht in der Welt zu leben,
dann sorge ich für euch
an jedem neuen Tag.

Doch ist es eure Pflicht
einander zu begegnen
in Liebe, Mitgefühl und in Geduld.
Hört niemals auf einander zu vergeben,
hört niemals auf
einander euch zu lieben.

Haltet durch

Die Dunkelheit und ihre Gier,
sie wird die Macht verlieren,
sie wandelt sich schon jetzt zum Licht,
zum Ozean der Liebe.

So haltet durch und gebet acht,
verliert nicht gleich den Mut,
wendet den Blick dem Himmel zu
und seht wie Engel siegen.

Bald werden wir Gefährten sein,
die Herrlichkeit und Schönheit sehen,
das Mitgefühl wird wieder Platz
in unseren Herzen finden.

So haltet durch und gebt nicht auf
die Liebe zu verbreiten,
gemeinsam gehen wir ins Licht,
wir gehen in goldene Zeiten.

Anrufung um Heilung und Kraft

Werde still.
Entspanne dich und deinen Atem.
Wende dich nach innen.
Und wenn du ruhig geworden bist,
dann geh in dein Herz und bitte:

Ich rufe und verbinde mich
mit den göttlichen Mächten der Engel,
mit dem göttlichen Schöpfer, der
Christuskraft und der Allmacht Gottes.

Ich bitte euch um heilende Kraft,
um euer Licht und eure Liebe,
die mich durchströmt,
reinigt und heilt.

Öffnet mein Herz für die Schwingung
der Liebe und des Mitgefühls,
der Dankbarkeit und des Friedens.

Ich bitte das göttliche Licht um Erkenntnis.
Ich bitte das heilende Licht um Heilung.

Ich bitte das göttliche Licht
um Kraft für meinen Weg.

Befreit mich von allen zerstörerischen
Gedanken, Taten und Worten.
Erfüllt mich mit der heiligen Liebe.

Erfülle mich mit deinem heiligen Mitgefühl
für mich und alle Wesen.
Heiliges, allmächtiges Licht Gottes,
ich danke dir für deine Liebe,
deine Kraft und deinen Segen.

Anrufung um Schutz und Segen

Ich rufe euch, ihr hohen Mächte Gottes,
du heiliges Christuslicht,
ihr Engel und Erzengel.
Ich rufe euch, meine Lichtbrüder und
Lichtschwestern.

Gebt mir den Schutz und den Segen des
Heiligen und wendet von mir ab alle dunklen
und zerstörerischen Kräfte.
Wendet von mir alles Kranke, alle Sorgen und
jeden Zweifel.

Göttliche Engel des Schutzes,
ich rufe euch und bitte euch um
den heiligen Kreis des Lichtes,
der mich umgibt und alles Negative
von mir fernhält.
Öffnet mein Herz für die Schwingung
der Liebe und des Mitgefühls,
der Dankbarkeit und des Friedens.

Ich bitte den göttlichen Kreis,
mich zu schützen.
Ich bitte den göttlichen Kreis,
mich zum Guten zu wandeln.
Ich bitte den göttlichen Kreis,
mich zu segnen.
Erfülle mich mit deiner heiligen Liebe.
Erfülle mich mit deinem heiligen Mitgefühl
für mich und alle Wesen.

Heiliges, allmächtiges Licht Gottes,
ich danke dir für deine Liebe, deine Kraft und
deinen Segen.

Anrufung um Auflösung negativer Muster

Göttlicher Schöpfergeist,
heilige Christuskraft,
ich rufe dich an und bitte dich,
mich mit deiner heiligen Allmacht
von den falschen, negativen und fremden
Mustern der Vergangenheit zu erlösen
und mich in Zukunft davor zu bewahren.

Öffne mein Herz für die Schwingung
der Liebe und des Mitgefühls,
der Dankbarkeit und des Friedens.

Ich bitte um die Auflösung kranker
und alter Muster, die mich daran hindern,
frei und glücklich zu sein.

Ich bitte um die Auflösung von Strukturen
im Denken und Handeln, die mich
an das Unglücklichsein binden.

Ich bitte um Auflösung von Mustern und
Gedanken, die mich von meiner Bestimmung
abhalten.

Ich bitte um die Auflösung von Versprechen
und Gelübden aus vergangenen und heutigen
Zeiten, die mich daran hindern, frei zu sein
und mich frei zu entscheiden.

Erfülle mich mit deiner heiligen Liebe.
Erfülle mich mit deinem heiligen Mitgefühl
für mich und alle Wesen.

Heiliges, allmächtiges Licht Gottes,
ich danke dir für deine Liebe, deine Kraft
und deinen Segen.

Engelbrot

Ein ergreifendes Beispiel für die tiefe Verzweiflung eines Menschen ist die Situation Jesu im Garten Gethsemane. Er wusste, dass sein Weg ins Leiden geht. Er rang mit Gott, weil er Angst hatte. »Doch nicht wie ich will, sondern wie du willst, Vater, soll es geschehen«, waren seine Worte. Und genauso, wie Jesus, der auch Mensch war wie wir und der Augenblicke hatte, in denen er zweifelte und um Kraft und Rettung aus der völlig verzweifelten Situation flehte, habe auch ich als Heilerin Momente, in denen ich Hilfe und Halt nur für mich erbitte.

Wenn ein junger Mensch, dem man den schweren Kampf ums Überleben ansieht, den seine Ärzte aufgegeben haben und dessen Familie auch nicht mehr an Heilung glaubt – wenn dieser Kranke in der Hoffnung kommt, dass die göttliche Kraft in ihm aktiv wird und das Ruder seines Lebensschiffes noch einmal herumzureißen vermag – dann ist der starke und unerschütterliche Glaube des Heilers aufgefordert, eine Verbindung zum Göttlichen herzustellen, um durch die göttliche Kraft eine Heilung des kranken Menschen herbeizuführen.

Doch genau in diesen sehr schweren Augenblicken, in denen eigentlich keine Rettung mehr möglich ist, geschieht das Unmögliche.

Der Sterbende erhält die Kraft und fängt den Heiler auf. Der verzweifelte und hilfesuchende Mensch wird selbst zur Quelle der Hoffnung und der Heilung. Genau dann, wenn dem Heiler die Worte fehlen, um dem Kranken und Sterbenden Rat und Mut und oft auch Hoffnung zu geben, wendet sich das Blatt. Der Sterbende wird zum Heiler. Der Ertrinkende wird zum Retter, der Einsame zum Tröster.

Eine junge Frau, die gerade Mutter geworden war, wurde mir zur Retterin und Trösterin. Mir, der Heilerin, deren Aufgabe es doch ist, Hoffnung in eine hoffnungslose Lebenssituation zu bringen, reichte sie die Hand und gab mir damit neuen Mut in einer ausweglosen Situation.

Als sie das erste Mal kam, erzählte sie mir, bei ihr sei während der Schwangerschaft ein Tumor in der Brust entdeckt worden. Dieser Tumor sei besonders aggressiv und wachse sehr schnell. Die Ärzte hofften nur, dass ihr noch Zeit bliebe, ihr Baby auf die Welt zu bringen. Wegen der Schwangerschaft kam für sie weder eine Chemotherapie noch eine Tumorbestrahlung in Frage.

Natürlich wusste die junge Frau, dass diese Diagnose eine todbringende Botschaft war. Die Ärzte hatten ihr gesagt, der Krebs werde sie so viel Kraft kosten, dass sie die weitere Schwangerschaft nicht ohne große Risiken schaffen könne. Und so verbrachte sie die restliche Zeit bis zur Geburt ihres Kindes unter ärztlicher Beobachtung in der ganzen Nüchternheit und Unpersönlichkeit des Klinikalltags. Es war ihr verwehrt, das Kinderzimmer in bunten Farben zu streichen und liebevoll vorzubereiten. Und die Freude schöne Babysachen anschaffen zu können, tauschte sie ein gegen immer neue Medikamente und ständig neue Untersuchungen und Ultraschallbilder.

In solchen Augenblicken, wenn mich Augen voller Angst und Verzweiflung anschauen, wenn der verzweifelte Mensch seine Hand nach meiner ausstreckt, schreit meine Seele am lautesten um Hilfe – für mich und für den Menschen mir gegenüber. Dann vergesse ich die göttlichen Gesetze des Lebens. Dann vergesse ich, so stark zu sein, wie es mir meine Berufung gebieten würde. Dann bin ich ein mitfühlender und mitleidender Mensch, ein Mensch, der vergisst, dass alles seinen Sinn hat und dass alles, was geschieht, vorbestimmt ist.

Keiner noch so gut geschulten und erfahrenen Heilerin fallen in diesen Momenten die richtigen Worte ein, denn die richtigen Worte gibt es gar nicht. Es gibt jetzt nur das richtige Verhalten.

Geführt von meinem Mitgefühl nahm ich die junge Mutter in den Arm und sagte nur: »Weine ruhig mein Herz, weine.« Wir nahmen uns fest an den Händen und sprangen im Geiste beide ins Unbekannte.

Eine ganze Weile saßen wir eng nebeneinander und weinend auf der Liege. Dann war sie bereit sich hinzulegen, und ich berührte sie mit meinen Händen an den Stellen, an denen der Tumor wütete, nicht um sie zu heilen, sondern weil sich alle vor dieser Stelle fürchteten und weil eine Berührung immer Heil bringt.

Ich schloss die Augen und meine Tränen liefen, ohne dass ich es irgendwie beeinflussen konnte. Ich betete nicht um Heilung. Ich betete nicht um mehr Zeit. Ich betete nur um Kraft für sie und mich. »Vater, deine Kraft brauchen wir, deine heilige Kraft! Schenk uns Kraft!« Das waren meine einzigen Worte, denn in diesem Augenblick wäre es falsch gewesen, nur für einen von uns zu beten. Durch das Mitgefühl waren wir vereint, und jeder Teil ihrer und meiner Seele brauchte jetzt Kraft.

Jeder, der mit einem schwerkranken Menschen arbeitet und das Gefühl hat, ihm nicht helfen zu können, mag insgeheim hoffen, dass der Kranke nicht wiederkommt, damit man nicht erneut mit seinem oder ihrem unlösbarem Problem konfrontiert wird. Auch irgendwo in mir lebt der Teil, der sich ohnmächtig fühlt, wenn die Aufgaben des Lebens stärker und größer werden und den Glauben daran ersticken, dass alles wieder gut wird. So hoffte auch ich tief in meinem traurigen Herzen, dass mich die junge Patientin nicht noch einmal herausfordern würde.

Aber natürlich kam sie wieder – nur eine Woche später. Als ich den Behandlungsraum betrat, lag sie schon auf der Liege. Und bevor ich irgendetwas sagen konnte, sagte sie mit einem Lächeln: »Fangen wir an, ich habe nicht mehr viel Zeit.«

Auch wenn ich tief an die Kraft der Heilung und an

Gott und seine Helfer glaube, gibt es auch die unheiligen Momente des Zweifelns. Kaum war mir dieser Gedanke durch den Kopf gegangen, schaute sie mich an und sagte: »Teresa, ich brauche viel, viel Engelbrot. Ich weiß nicht, wie viele Berge, Täler oder Flüsse ich bald überqueren muss, um mein Ziel zu erreichen, aber eines weiß ich. Ich brauche einen Rucksack voller Engelbrot.« »Engelbrot«, wiederholte ich leise. »Ja Engelbrot, ich habe einen Rucksack mitgebracht, und hier bekomme ich mein Engelbrot.« »Soviel du brauchst, ja, nimm soviel wie du brauchst«, erwiderte ich. Oh mein Gott! Keine Berührung, kein Gebet bleibt unerhört. Es ist nie zu spät und es gibt kein Umsonst.

Wir Menschen sind so fest an die Erde und an unseren Alltag gebunden und haben darüber vergessen, dass unsere Reise nie aufhört. Wir haben vergessen, dass die Erde nicht der einzige Ort ist, auf dem wir existieren können. Und wir haben vergessen, dass wir die Kraft des Göttlichen als Wegzehrung brauchen, egal wohin die Reise geht.

Diese junge Mutter, um Jahre jünger als ich, lehrte mich der Ohnmacht ins Gesicht zu schauen. Sie lehrte mich, was kein Buch und kein Lehrer auf dieser Welt mich hätte lehren können. Sie, eine sterbende junge Frau und Mutter, die gegen den Rat der Ärzte den Mut hatte, mit ihrer einen gesunden Brust ihr Kind zu stillen, obwohl die andere Brust durch und durch vom Tumor befallen war, lehrte mich, dass kein Gebet und keine Berührung unwichtig oder unnütz ist, weder für einen Menschen, der auf dem Weg der Heilung ist noch für einen, der bald sterben wird.

Seit dieser Zeit weiß ich, was ich sage, wenn mich die Verwandten eines todkranken Menschen fragen, ob es Sinn macht, zur Heilung durch Gebet zu kommen. Es ist nicht immer gesagt, dass der Körper dann noch gesund wird, aber auf jeden Fall ist jede spirituelle Behandlung Heilung für die Seele des Betroffenen. Also fülle ich jeden mitgebrachten Rucksack mit Engelbrot.

Engelbrot

Du hast gerufen mich,
nach Hause soll ich kommen,
verschenken soll ich
all mein Hab und Gut.

Mein kleines Kind, das ich geboren habe,
es braucht die Mutter doch
in dieser schweren Lage.

Ich möchte jetzt so viele Tränen weinen.
Ich möchte klagen, schreien,
einfach traurig sein.

Und wenn ich dann mein Schicksal
angenommen, dann soll dein Wille
auch mein Wille sein.

Doch eine Bitte hab ich noch
für meine Reise, Vater.
So schenk mir Nahrung für den Weg zu dir.
Reich mir dein Engelbrot
zur Stärkung meiner Kräfte,
damit ich Berge, Täler, Flüsse überquer.

Ich werde durch die dunklen
Galaxien reisen, ich werde Bilder
längst vergangener Tage sehen.
Ich werde mich in hohe Lüfte schwingen
und deinen Atem werde ich im
Universum spüren.
Ich werde mich in Lichtgeschwindigkeiten
drehen und deine Schöpfung in Sphären
deines Lichtes sehen.

Reich mir dein Engelbrot
zur Stärkung meiner Kräfte,
damit den Weg zu dir ich nicht verfehl'.

Mein Kleid hab ich der Mutter Erde
längst zurückgegeben.

Mit einer Tasche voller Engelbrot
mach ich mich auf die Reise
und dein Gebet, mein Gott,
begleitet mich ins Licht
ganz leise.

Erkenntnis der letzten Nacht

Immer noch glauben viele Menschen, das Sterben trete oft viel zu schnell und völlig überraschend ein und mit dem Tod sei alles sofort vorüber. Doch es gibt auch die anderen, die das Sterben als einen langsamen Prozess des sich Zurückziehens aus unserem begrenzten Bewusstsein und als ein Hineintreten in die große göttliche Wirklichkeit des Unbewussten auffassen. Wenn unser Ich sich dem Außen verschließt und unser Selbst das Tor zum großen Geist öffnet, dann sind wir zwar im Körper leblos, aber im Geist erfüllt von der Herrlichkeit, Erkenntnis und Weisheit des Lichtes und des wirklichen Lebens.

Dabei erkennen wir, dass wir so viele kostbare Erlebnisse im Laufe unseres Lebens nach und nach verdrängt hatten, bis sie völlig aus unserem Bewusstsein verschwunden waren. Wenn wir im Sterben alles loslassen, breitet sich das Vergessene unaufgefordert wieder vor uns aus. In der Dunkelheit unserer letzten Nacht werden die blassen Bilder in der Tiefe unserer Seele wieder lebendig, die Wurzeln der versunkenen Gefühle kommen wieder zum Vorschein, Szenen aus der Vergangenheit tauchen erneut vor unseren Augen auf. Bilder aus schweren Zeiten, von Unglück,

Krieg und Tod, einsame Stunden unseres Lebens werden uns bewusst. Verletzende Worte, die wir einst gehört oder selbst gewählt haben, hallen nach. Augenblicklich wird uns bewusst, dass wir Menschen nichts vergessen, kein Leid und keine Freude. Dass nichts wirklich gelöscht wird. Alles lebt in uns weiter und ist da, wenn wir danach greifen.

Wie Wasser als Fontaine in die Höhe schießt, so schießen auch die alten Gefühle an die Oberfläche unserer Erinnerung, und in Windeseile durchqueren wir die Felder der Vergangenheit und durchleben längst vergessene Ängste und Schmerzen, Trauer und Freude noch einmal. Plötzlich ist alles wieder da, so als hätte die Zeit alles für uns aufgehoben, und wir erkennen, welche Wirklichkeiten sich in einem einzigen Augenblick offenbaren können, wenn wir uns dem Leben öffnen. So gesehen ist alles wahr, woran du glaubst.

Der immer wiederkehrende Gedanke verankert sich in dir und wird so zu deinem Glauben, und der tief verankerte Glaube wird zu deiner Wahrheit. Auf diese Weise sind unzählige Wahrheiten entstanden, weil es unzählige Gedanken gab. Oder gibt es sie doch, die eine, die höchste Wahrheit, die für alle Menschen gleichermaßen gilt?

Kaum formt sich diese Frage in unserem Bewusstsein, eröffnen sich Ebenen, die wir bis dahin nicht berührt haben, und wir erhalten eine Antwort:

Es gibt sie, die eine und höchste Wahrheit, die sich nicht in Wahrheit oder Unwahrheit spalten lässt. Diese Wahrheit lässt sich niemals von den Menschen erklären oder berechnen. Sie lässt sich weder erforschen noch messen. Alles, was die Menschen als ihre Wahrheit kennen, wird zu einer anderen Zeit zur Unwahrheit. Gott ist die einzige Wahrheit und die einzige Wirklichkeit, die von Ewigkeit zu Ewigkeit ist und ihre Gültigkeit nie verliert. Nur der, der das wahre Licht in sich trägt, weiß, dass Gott in allen Facetten das Leben selbst ist.

Viel zu oft hindert die Angst, die sich über unser Bewusstsein legt, uns daran diese unerkannten Schätze zu bergen.

Doch wenn wir blind vor Zorn und Wut sind und vor unserem Leben davonlaufen, greift das Vergessene nach uns und erinnert uns daran, dass wir etwas zu wandeln haben – Dunkelheit in Licht, Leid in Freude und Hass in Liebe. Deshalb sind wir hier auf Erden.

Es sind unsere Gedanken, die uns helfen, in Sekundenschnelle Vergangenheit und Zukunft zu durchqueren, um dann wieder zurück zu finden in die Gegenwart und hier der eigenen Wirklichkeit zu begegnen, der Wirklichkeit, die keine Zeit kennt.

Dann füllen sich unsere Augen mit Tränen, doch diesmal sind es keine Tränen des Schmerzes, sondern Tränen der reinen Dankbarkeit, all das gelebt und erlebt zu haben. Denn nur so hat sich das Muster unseres Lebens ganz von selbst aus all unseren eigenen Wahrheiten und Geschichten gewebt. Und das schönste Muster, das wir je gewebt haben ist, der Glaube an einen großen Lichtstern in der Mitte unseres Lebensteppichs, an einen Lichtstern, der uns von Geburt an begleitet hat und den wir lange Zeit völlig vergessen hatten.

Alles ist der Dankbarkeit gewichen und hat in unserem Herzen Platz geschaffen für das absolut Wesentliche, die Liebe. Alle Gegensätze werden sich aufheben und zu einem Gefühl des sehnsüchtig erwarteten Friedens formen.

»Danke, mein Gott. Ich danke dir, dass ich leben durfte und dass du durch mich gelebt hast. Dass du alles durch mich gefühlt hast und jedes Gefühl sich in Liebe hast wandeln lassen.«

Alles Ferne wird plötzlich so nah sein und alles Unwichtige um uns herum wird sich von uns entfernen. Der Klang des Himmels fordert dich auf, die Tore deines Lebens langsam zu schließen und den Schlüssel zurückzugeben.

Die Zeiger deiner Lebensuhr werden sich immer langsamer drehen, bis sie völlig zum Stillstand kommen. Im Sterben wandelt sich deine Angst vor der Dunkelheit in tiefen Frieden. Die Nacht des geheimnisvollen Todes wird ihre Macht über dich verlieren, und du erkennst den Engel neben dir, der gekommen ist, um dich zu begleiten.

Mit seiner letzten Berührung wird dir bewusst, dass es nie dunkel war um dich und dass jede Minute deines Lebens gefüllt war mit Schätzen, die du oft nicht angenommen hast, weil du selten den Mut hattest, die Truhe deines Herzens zu öffnen.

Du wirst die Steine, die du dein Leben lang gesammelt hast und die Last und Leid bedeuteten, wieder an die Erde zurückgeben, damit die, die nach dir kommen, durch dieselben Steine lernen können.

Auch wenn du die Menschen, die du liebst, vor Last und Mühen bewahren wolltest, so wirst du in den letzten Minuten deines Lebens erkennen, dass jeder Stein in ihrem Leben ein ungeschliffener Diamant ist. Ihnen diese Steine zu nehmen würde bedeuten ihnen nicht nur Last und Leid zu nehmen, sondern auch einen unbezahlbaren Schatz: die Möglichkeit, die Kunst der Wandlung, der Vergebung und der wahren Liebe zu lernen.

Denn willst du einem anderen aus Liebe das Leid vorenthalten, enthältst du ihm auch einen wichtigen Teil seines Lebens vor.

Dann wirst du wollen, dass sie dem Schicksal begegnen, welches Leid in sich trägt. Du wirst wollen, dass sie sich tief bücken und die Steine ihres eigenen Lebens sammeln. Du wirst wollen, dass sie in dunklen, einsamen Nächten um die Heilung ihrer Wunden zu Gott flehen. Und während sie schreien, wirst du wissen, dass es deine einzige Aufgabe war, ihnen Kraft zu geben, ihr Gepäck zu tragen; ihnen Mut zu machen, ihren Weg zu gehen; ihnen Zuversicht zu geben, damit sie die Hoffnung nicht verlieren, dass zu jeder Stunde ein Engel des Höchsten an ihrer Seite wacht.

Und jedes Mal, wenn sie hinausziehen in die Welt, wirst du ihnen sagen, wie sehr du ihnen vertraut hast und dass alles, was sie getan haben, richtig war. »Den falschen Weg gibt es gar nicht«, wirst du ihnen sagen, wenn sie dich nach dem richtigen Weg fragen, und du wirst sie immer wieder daran erinnern, dass die wahren Schätze des Lebens nur im Leid erkannt werden.

Und wenn sie dich fragen, warum das Leid der Preis für diese Erkenntnisse ist, wirst du sie anschauen und sagen: »Leid wird nur in den niederen Schichten des Denkens und Fühlens wahrgenommen. In den oberen Schichten unseres Wesens wandelt es sich in Liebe. Solange wir das Leid noch als schmerzhaft empfinden, sind wir in unseren Gedanken noch auf dem Weg zu den Höhen der Liebe.«

Dann werden sie dich anschauen und dich nicht verstehen, doch du weißt: auf der Schwelle, auf der dein Ich der Seele die Führung übergibt, wandelt sich Leid in Glückseligkeit.

Lass jedes Leben sich so entwickeln, wie es gelebt werden will. Das Universum weiß, warum es so geschieht. Der alles Wissende und alles Erschaffende wird dir Kraft und Trost geben, wenn du leidest. Und nur der Unwissende wird versuchen, dich vor dem Leid des Lebens zu bewahren. Derjenige, der das Leid nicht kennenlernt hat, ist auch derjenige, der das Leben nicht in seiner ganzen Tiefe ausgelotet hat.

Und wer sich vor dem Leben fürchtet, wird auch die Tiefe der Liebe nicht kennenlernen.

Der Sinn des Lebens

Der Sinn des Lebens ist, Liebe zu leben.

Wenn wir den Sinn unseres Lebens finden wollen, müssen wir die Aufgaben, die uns das Leben auf der Erde stellt, annehmen und erfüllen.

Niemand kann sich seiner Lebensaufgabe entziehen. Im Erfüllen der Aufgabe, die das Leben uns stellt, offenbart sich der Weg zu unserer wahren Bestimmung und damit zu unserer Seele.

Und weil das Universum um diese Dinge weiß, bekommen wir solange immer wieder die gleiche Aufgabe gestellt, bis wir sie richtig gelöst haben. Von Beginn unseres Lebens an werden wir vom Himmel mit dem nötigen Werkzeug ausgestattet. Wenn wir diese Werkzeuge auf dem Weg unseres Lebens einsetzen, werden wir immer Erfolg haben und aus jeder Situation als Sieger hervorgehen.

Das wichtigste Werkzeug des Himmels ist die Liebe.

Liebe zu leben bedeutet, aufmerksam und mitfühlend durchs Leben zu gehen.

Liebe lässt sich auch ohne Sprache oder Gebärde ausdrücken, nämlich allein durch Gefühle.

Liebe wird von allen Völkern gleichermaßen verstanden.

Ohne Liebe verlieren wir den Halt und geraten in Hast und Unruhe.

Ein Mensch der wahrhaft liebt, ist nicht in der Lage zu lügen, zu betrügen oder die Wahrheit zu verzerren.

Liebe schützt uns davor, uns ausgeraubt und ausgenutzt zu fühlen.

Wenn du alles mit Liebe tust, wird das Leben um vieles einfacher und friedlicher.

Liebe ist die Essenz der Schöpfung, das Höchste, was ein Mensch erleben kann.

Die Liebe macht uns rücksichtsvoll und fürsorglich.

Liebe heißt teilen. Liebe heißt frei sein.

Liebe veredelt den Geliebten.

Wer liebt ist niemals allein und fürchtet nicht die Einsamkeit.

Die Botschaft der Weisen lautet: »Bleibe da, wo du zu Hause bist. Erledige deine Aufgaben und Pflichten mit Liebe und Geduld und lass deine Anhaftungen an die materielle Welt los.«

Um wahres Glück zu finden, brauchen wir nicht um die Welt zu reisen. Wir müssen nicht einmal unser Heim verlassen und schon gar nicht unsere Pflichten vernachlässigen.

Wenn jede deiner Handlungen mit Liebe für Gott dargebracht wird, bindest du dich nicht an die vergängliche Welt. Und du bist frei. Durch unsere Familie lernen wir die höchste Form der Liebe. Deshalb ist die Familie ein ideales Feld, um bedingungslose Liebe zu lernen.

Wenn es jemals wieder eine neue Religion auf der Erde geben sollte, dann wird es die Liebe sein.

Gefahren der heutigen Zeit

In der heutigen Zeit ist die Gefahr, sich in der niederen Welt zu verirren, sehr groß. Zu viele haben sich mit Gewalt den Zugang zur geistigen Welt verschafft, aber kaum jemand hat dabei auch die verborgene Treppe zur Weisheit gefunden. Nur wenige haben die Stufe der Hingabe erreicht, auf der sie nichts mehr wollen als zum Wohle der gesamten Menschheit mit dem Licht der Einheit zu verschmelzen.

Immer und immer wieder gab es Epochen, in denen der große Geist sein Licht aus Liebe zu den Menschen in Hülle und Fülle ausschüttete, damit sie die Kraft, die daraus hervorging, zum Heil aller Lebewesen einsetzen konnten. Und immer wieder missbrauchten sie diese heilige Kraft, um zu zaubern und sich mit oberflächlichen Kunststücken zu schmücken. Sie bauten goldene Paläste auf heiligem Boden und setzten sich darin selbst auf den Thron. Sie gaben den Menschen Gesetze, die sie zwar angeblich von Gott erhalten hatten, aber selbst missachteten, und verhielten sich immer mehr wie Götter. So ist es auch in der heutigen Zeit. Es gibt das Leuchtende und das Licht. Es gibt die Götter und Gott. Viele Suchende nehmen auf dem Weg zum Licht ein Leuchten wahr und folgen ihm. Oder sie sehen Engel, deren Rat sie annehmen. Doch nur wenige erkennen, dass das Leuchten oft nur ein Schein ist und der Rat gebende Engel in Wirklichkeit ein befehlender Diener der Dunkelheit.

Engel sind nicht immer Engel, denn auch Dämonen können sich in scheinbare Engel verwandeln, um den Menschen an sich zu binden und ihn für ihre eigenen, niederen Zwecke zu missbrauchen. Nur mit dem Herzen können wir die wahren Engel erkennen.

Das wahre Licht zu erkennen oder es von allem anderen Licht zu unterscheiden wird dir in der ersten Zeit nicht gelingen. Deshalb gib Acht, wenn dir etwas aus der geistigen Welt angeboten wird.

Da Gott deine Entwicklung kennt, wird er dich niemals versuchen oder mit unsichtbaren Geistern unterstützen, sondern dir menschliche Helfer zur Seite stellen, bis deine Intuition so reif ist, dass du die Welt der Geister unterscheiden kannst und die Sprache des Lichtes wahrhaftig beherrschst. Erst dann treten für dich sichtbar lichtvolle Engel in dein Leben, um dich zu führen. Nur wenn die Reinheit deines Herzens echt ist, nur wenn du die Liebe in deinem Herzen wirklich spürst, kommt das Licht näher und scheint durch dich hindurch, damit sich auch der letzte Rest Dunkelheit in dir verwandelt. Und wenn du diese Stufe des Wachstums erreicht hast, wird in dir die heilige Kraft erwachen, die du zum Heil aller Wesen einsetzen sollst. Du kannst es mit dem Bergsteigen vergleichen. Gehst du ungeübt und hastig an den Berg heran, wie es viele Anfänger tun, ist der Sturz vorprogrammiert, und oft reißt du dann noch andere Beteiligte mit in die Tiefe. Doch wenn du im Herzen ein wahrer Bergsteiger bist, wirst du immer Respekt und Achtung vor dem Berg haben. Niemals wirst du ihn unvorbereitet und ohne das richtige Werkzeug besteigen. Und wenn dich der Berg eines Tages ruft, dann hast du genug Vertrauen in dich und in Gott gesammelt, um den Berg Schritt für Schritt zu erklimmen. Dann ist jeder dieser Schritte überlegt. Dann machst du oft kehrt und fängst wieder von vorn an, denn du weißt genau, dass ein falscher Tritt dein Aus bedeuten könnte.

Wenn du eines Tages den Gipfel erreicht hast, wirst du ganz genau wissen, welcher Stimme du folgen sollst. Keine tausend Pferde könnten dich dorthin bringen, hätte der Berg dich nicht gerufen. Also renne nicht durch die Gegend und höre nicht auf die falschen und vergifteten Worte der Unruhigen, sondern kehre vor deiner eigenen Tür und reinige deinen Geist mit Gebeten oder einfacher Arbeit. Dann wird dich der Berg zum richtigen Zeitpunkt rufen.

Alles andere ist eine Täuschung, vor der uns die großen Lehrer aller Kulturen gewarnt haben. Vergiss nicht: alles, was schnell wächst, stirbt auch schnell. Jede neue schnelllebige Kunst und jedes neue Kunststück ist dem niederen Geist des Menschen entsprungen und deshalb ohne große

Bedeutung. Mitgefühl, Zusammenhalt, Frieden, Geborgenheit und Liebe entspringen jedoch dem göttlichen Geist im Menschen – dem, was ewig lebt. Also folge nur dem, der diese Wahrheit verkündet, denn durch ihn spricht der Geist. Folge nur dem, der Frieden im Herzen trägt, denn wo Friede herrscht, da ist Gott.

Wenn ...

Wenn ich durch meine Gebete oder mit meinen Gedanken nur in einem einzigen Menschen den winzigsten Funken der göttlichen Liebe entfachen kann …

Wenn nur ein einziger Mensch durch meine Gebete und Geschichten in sich die Kraft der Hoffnung entfaltet und in sich die tiefe Sehnsucht nach der Quelle des Friedens vernimmt und gleichzeitig die Flügel des Engels neben sich wahrnimmt …

wenn nur ein einziger Mensch berührt, erfüllt und erwacht ist für die Weisheit …

dann war meine Zeit nicht sinnlos.

Oder es ist für die geschrieben,
die hoffen, die lieben, die suchen, die sich sehnen, die nie aufgeben in sich das göttliche Feuer zu entfachen …

und besonders für die …

die sich nicht von der heiligen Liebe berühren lassen

können, die sich nicht vor sich selbst oder vor der großen Weisheit verneigen können und die nicht an eine Welt der Wunder glauben gelernt haben.

Für sie alle …

verneige ich mich vor der großen Quelle der Liebe, die mich berührte und inspirierte meine tiefe Sehnsucht nach Einheit aller Wessen in Gebete zu formen.

Möge die Liebe das Ziel unserer Wünsche sein.

Nachwort

»Verlangst du so sehnsüchtig nach der Wahrheit
wie ein Ertrinkender nach Luft, so erkennst du sie in einem
einzigen Augenblick.« [*]

Teresa Schuhl, diese zarte starke Frau, hat nach langem, ehrlichem Ringen und intensivem Erleben ihre wahrhaftige Freundschaft mit Gott geschlossen.

Geführt von ihrer tiefen Sehnsucht nach der Wahrheit, dem Licht, ja dem Urgrund des Seins, hat sie Ihn gefunden.

Aus ganzem Herzen hat sie sich dafür entschieden, Gott rückhaltlos zu dienen und sich von Ihm zum Heilen führen zu lassen.

Demütig und dankbar in dieser hohen Kraft stehend, wirkt sie unermüdlich für Menschen in Bedrängnis und Not, getragen und durchdrungen von der Bitte um Heilwerdung.

Diese Bitte findet in ihren persönlichen, berührenden Gebeten, die sie in tief empfundener Liebe und innigem Mitgefühl beim Heilen spricht, ihren Ausdruck.

---

[*] »Wüstenmädchen« Die Heilkunst der starken Frauen

Ich wünsche diesen »Gebete einer Heilerin« eine weite Verbreitung und konkrete Hilfestellung, die aus der Unsicherheit und Angst der Menschen heraus hin zum Vertrauen und der Überzeugung führt, dass wir uns zu jeder Zeit in der grenzenlosen Liebe des Schöpfers gehalten und geliebt wissen dürfen.

Teresa Schuhl wünsche ich von Herzen, dass sie ihren lichtvollen Weg unbeirrt weitergehen und mit der Kraft des Heiligen Geistes die Göttliche Wahrheit in die Schöpfung und zu den Menschen tragen möge.

Beatrice Prinzessin von Bayern   *Mai 2013*

Dank

Mein Dank geht an alle meine Gefährten: Elisabeth und Otto Ewald G., Joachim F., Holger B., Anna Friemel. Besonders meinen Seelengeschwistern Claudia K. und Klaus S. und Monika E. danke ich für ihre Treue, ihren Glauben und ihre Liebe zu Gott. Sie alle gaben mir die Kraft und den Mut, an mich zu glauben und den Weg der Liebe zu gehen. Für ihren eigenen Einsatz für das Geistige Heilen in der Welt bekamen sie selbst nicht immer nur Zustimmung. Doch nichts hielt sie davon ab, ihren Weg zu Gott und mit Gott unbeirrt weiter zu gehen. Ich danke ganz besonders all den Menschen, die sich mir in ihrer Not anvertraut haben, um durch das Gebet Kraft, Hoffnung und oft auch Heilung zu erfahren.

Mein Dank geht auch an alle Ärzte und Therapeuten, die den Mut haben, kranke Menschen nicht nur mit Medikamenten, sondern auch mit Berührung und Gebet zu heilen.

Wie immer danke ich von ganzem Herzen meinen geliebten Eltern, ohne deren Glauben ich meinen Glauben nie entdeckt hätte.

Aus meiner tiefen Seele danke ich meinen geistigen und meinen beiden irdischen Schutzengeln, Philipp und

Wolfgang, die schon seit Beginn meines Weges zu meiner rechten und linken Seite stehen. Sie stärken mir den Rücken, bewahren mich davor zu stürzen und besiegen gemeinsam mit mir die Dunkelheit.

Ich verneige mich in Dankbarkeit vor all meinen Brüdern und Schwestern, die ich einst geliebt habe und mit denen ich einen gemeinsamen Weg gehen wollte, den ich dann aber doch verließ, um meinen eigenen Weg zu gehen. Verzeiht mir.

Und ich danke dir, Dunkelheit, denn du hast mich gelehrt, wer der Hüter des Lichtes ist. Du hast mich gelehrt, dass ich durch dich hindurch gehen muss, wenn ich zu Gott will. Danke an alle, die an diesem Buch mitgearbeitet haben, die viele Stunden damit verbrachten, meine Gebete immer wieder zu lesen und die mir Mut gemacht haben, sie zu veröffentlichen.

Einen besonders tiefen Dank an meine Großtante Klause Mutter, Oma Nieder, Oma Gradt und all die Frauen, die in Tadschikistan trotz Folter und Verfolgung nie aufgehört haben ihren Glauben zu leben und die Gebete zu hüten.

Zum Schluss stehe ich wieder am Anfang und verneige mich in aller Demut vor dir, Großer Geist, mein geliebter Gott, und allen deinen Helfern. All meine Liebe sei nur für dich.

Teresa Schuhl arbeitet seit über zehn Jahren als Heilerin mit dem Arzt und Heiler Dr. Wolfgang Bittscheidt in eigener Praxis in Siegburg bei Bonn zusammen.

Seit 2007 ist sie Leiterin und Geschäftsführerin der Ärzteakademie für Geistiges Heilen®.

Mehr über Seminare für Ärzte und Therapeuten und die energetische Praxis finden Sie unter:

www.arzt-und-heiler.com

Weitere Bücher der Autorin:
»Wüstenmädchen – Die Heilkunst der starken Frauen«
ISBN: 978-3-941837-15-7

Aktionsgruppe „Kinder in Not" e.V.

Reinhard-Wirtgen-Str. 15
53578 Windhagen
Telefon: 0 26 45 - 47 73

Die Aktionsgruppe „Kinder in Not" e.V. hat es sich zur Aufgabe gemacht für Kinder und Jugendliche, die nicht auf der Sonnenseite des Lebens stehen, einen Zugang zu Bildung und Gesundheit zu schaffen.

Alle Patenschaftsbeträge und Spenden werden vollständig, ohne Abzug von Verwaltungskosten, an die Hilfsprojekten in Brasilien, Indien und auf den Philippinen weitergeleitet und ermöglichen den jungen Menschen eine echte Chance, sich aus dem Teufelskreis ihrer Not zu befreien.

Das Deutsche Zentralinstitut für soziale Fragen (DZI) zeichnet die Hilfsorganisation bereits seit 1993 mit dem Spendensiegel „Zeichen des Vertrauens" aus.

Nähere Infos erhalten Sie unter:
www.kinder-in-not.de

Spendenkonto: Sparkasse Neuwied
BLZ 574 501 20
Konto: 012 022 752

Awake
Sabine van Baaren und Mark Joggerst

„Ich kann ihre Musik nur allen empfehlen, deren Herzenssehnsucht es ist, jeden Tag ein Stück mehr zu erwachen.
Kraftvoll, mitreissend, berührend und bewegend."

Remember who you are (CD)

Sabine van Baaren: Gesang
Mark Joggerst: Klavier

Dauer: 63:30 min

Preis: 18,- Euro

„Seelengesang, Songs, wunderschöne Melodien und perlende Klavierläufe."

Infos, Hörproben, Konzerte, CD Shop:
www.sabinevanbaaren.de